Davit Alaverdyan

Um olhar sobre o agronegócio da Arménia

Davit Alaverdyan

Um olhar sobre o agronegócio da Arménia

ScienciaScripts

Imprint
Any brand names and product names mentioned in this book are subject to trademark, brand or patent protection and are trademarks or registered trademarks of their respective holders. The use of brand names, product names, common names, trade names, product descriptions etc. even without a particular marking in this work is in no way to be construed to mean that such names may be regarded as unrestricted in respect of trademark and brand protection legislation and could thus be used by anyone.

Cover image: www.ingimage.com

This book is a translation from the original published under ISBN 978-620-2-05045-6.

Publisher:
Sciencia Scripts
is a trademark of
Dodo Books Indian Ocean Ltd. and OmniScriptum S.R.L publishing group

120 High Road, East Finchley, London, N2 9ED, United Kingdom
Str. Armeneasca 28/1, office 1, Chisinau MD-2012, Republic of Moldova, Europe
Printed at: see last page
ISBN: 978-620-8-22874-3

Conteúdo

INTRODUÇÃO

A Arménia é um país montanhoso, sem litoral, situado no sul do Cáucaso, com uma extensão de 29.800 km^2 . Mais de 90% do seu território está situado acima dos 1.000 m. As altitudes do território da Arménia variam entre 380 m acima do nível do mar, no ponto mais baixo do vale do rio Debed, e 4.090 m acima do nível do mar, no pico mais alto do monte Aragats. O clima é continental de altitude, com Verões quentes e Invernos frios. A Arménia tem 9 zonas climáticas, que vão do subtropical ao sub-alpino (Navasardyan, 2000). A Arménia está subdividida em dez divisões administrativas, ou províncias (marzes). Em cada província existem comunidades autónomas, constituídas por uma ou mais povoações. As comunidades são classificadas como urbanas ou rurais.

Atualmente, existem 915 comunidades, 49 urbanas e 866 comunidades administrativas rurais. A capital, Yerevan, também tem o estatuto de comunidade e está dividida em doze distritos semiautónomos (FAO, 2012).

No final dos anos 80, o segundo maior sector da economia do país era o complexo agroindustrial. A sua participação no produto público global era de 21%, no número de pessoas ocupadas no domínio da produção material era de 27% e nos activos de capital era de 26%. O complexo agroindustrial arménio incluía 1.139 empresas e organizações, das quais 865 eram empresas agrícolas e 135 eram empresas de processamento de alimentos. A Arménia enviava (ou - segundo o conceito atual - exportava) para o conjunto do fundo soviético frutas e legumes frescos, óleo de gerânio, bebidas alcoólicas, especialmente brandy e vinhos, vários alimentos enlatados e água mineral.

Durante esses anos, foram efectuados grandes investimentos estatais no desenvolvimento social das zonas rurais, que contribuíram para o desenvolvimento da educação, dos cuidados de saúde e das instituições culturais nas aldeias e para a implementação de programas de abastecimento de gás natural e de construção de estradas. Dito isto, o direito de propriedade da terra e o direito do utilizador da terra foram separados na agricultura soviética (Avetisyan, 2010).

Historicamente, a economia da Arménia tem-se baseado na produção agrícola, especialmente de legumes e frutas frescos e transformados. Nos tempos soviéticos, o país conseguiu satisfazer internamente a procura de leite e carne, tanto para uso primário como para transformação. A Arménia era também conhecida pela sua produção de couro e calçado, cuja matéria-prima era fornecida principalmente a nível local. Após a dissolução da União Soviética, a economia de mercado central entrou em colapso, os grandes Kolkhoz e Sovkhoz soviéticos foram divididos em pequenas parcelas agrícolas, os factores de produção tornaram-se cada vez mais caros e as linhas de abastecimento da procura internacional foram interrompidas. A combinação destes factores com a degradação dos sistemas de irrigação em todo o país levou a uma diminuição da produção interna. Este facto tornou necessário recorrer a produtos importados do estrangeiro durante esses períodos (Avenue, 2014).

Ao longo das últimas décadas, o governo arménio formulou uma série de políticas e programas para impulsionar o desempenho global do agronegócio, promovendo assim a melhoria da contribuição da agricultura para o Produto Interno Bruto (PIB) do país. No entanto, os agricultores arménios têm de ultrapassar muitos problemas e obstáculos nas suas actividades diárias. No entanto, os vários esforços para melhorar a produção agrícola, a transformação agrícola e as actividades de comercialização agrícola não produziram dividendos apreciáveis. O enorme investimento no potencial agroindustrial do país para gerar um maior crescimento da economia permaneceu desbloqueado e inexplorado na agricultura devido a uma série de factores de constrangimento que devem ser eliminados.

A principal motivação para escolher o tema foi compreender profundamente os principais problemas que os agricultores enfrentam e perceber as perspectivas do agronegócio. Além disso, queria ter uma perceção clara da situação atual da agricultura na Arménia do ponto de vista dos agricultores. Além disso, estava muito entusiasmado por ver as mudanças que ocorrem nas zonas rurais após a implementação de vários programas que duraram décadas. Por conseguinte, a tese traçou o perfil das caraterísticas socioeconómicas que afectam a produção na área de estudo, o estado de desenvolvimento, os constrangimentos e as perspectivas da agroindústria, ao mesmo tempo que propôs prescrições políticas a implementar para os eliminar, de modo a acelerar a obtenção de um rápido desenvolvimento económico sustentável no país.

A tese é composta por vários capítulos. Começa com uma introdução em que apresento brevemente a localização geográfica, uma breve história da agricultura na Arménia e várias caraterísticas do país. Além disso, apresentei brevemente o sector agrícola e a sua importância na economia. Dividi a revisão da literatura em três partes: (i) visão geral da agroindústria, (ii) visão geral da produção agrícola atual e da economia arménia, (iii) estado de desenvolvimento do subsector da agroindústria na Arménia. No capítulo seguinte da minha tese, apresentei os materiais e métodos, onde dei informações sobre as principais fontes e formas de recolha de dados. Introduzi a área de estudo, mostrei as análises e fiz uma discussão dos resultados. De seguida, apresentei as conclusões e recomendações. No final, apresentei um resumo de toda a minha tese, que pode ser uma referência fácil para o leitor ter uma visão global do meu trabalho.

CAPÍTULO 1. REVISÃO DA LITERATURA

O capítulo apresenta uma visão geral do subsector do agronegócio, que inclui várias definições, conceitos e modelos de desenvolvimento do agronegócio. Apresenta diferentes opiniões de académicos sobre o conceito de agroindústria e mostra as áreas abrangidas pelo sector. Além disso, apresentei as realizações e a situação atual do sector na Arménia e dei uma visão geral da economia e da importância do sector na mesma.

1.1 Panorama da agroindústria

A agroindústria é uma das maiores indústrias do mundo. Caracteriza-se por matérias-primas que são, na sua maioria, perecíveis, de qualidade variável e não estão regularmente disponíveis. O sector está sujeito a controlos regulamentares rigorosos em matéria de segurança dos consumidores, qualidade dos produtos e proteção do ambiente. Os métodos tradicionais de produção e distribuição estão a ser substituídos por ligações mais coordenadas e mais bem planeadas entre empresas do agronegócio, agricultores, retalhistas e outros intervenientes nas cadeias de abastecimento (FAO, 2016). O agronegócio envolve (i) insumos: sementes, fertilizantes, financiamento, equipamentos que são utilizados na produção; (ii) atividades intermediárias: classificação, armazenamento, processamento, embalagem, distribuição, precificação, marketing; e (iii) atividades de consumo final: restaurantes e mercearias (Janette, 1990). De acordo com Janette (1990), inclui toda a atividade económica no sistema alimentar e de fibras, que engloba as indústrias de fornecimento de insumos, a produção agrícola e as actividades pós-colheita e de valor acrescentado. Da mesma forma, estas indústrias de base utilizam o material e os serviços de certas indústrias auxiliares que são consideradas indústrias de apoio ao agronegócio. A agricultura e a pecuária fazem parte do núcleo do agronegócio, representando a fase do seu processo de produção (John, 2013). As empresas do agronegócio, desde as grandes multinacionais até às empresas emergentes de fabrico de alimentos e de fornecimento de factores de produção, apresentam uma forte procura de mais e melhores empregados com formação em gestão e ciências agrícolas (David et al 2014). Doing business in agriculture desenvolverá um conjunto de indicadores das leis e regulamentos que afectam as empresas agrícolas em países de todo o mundo. Os indicadores serão consistentes ao longo do tempo e comparáveis entre as economias, permitindo que os países avaliem o seu quadro regulamentar agrícola, bem como a sua implementação na prática (Banco Mundial, 2014). A agroindústria refere-se ao estabelecimento de ligações entre empresas e cadeias de abastecimento para o desenvolvimento, transformação e distribuição de insumos e produtos específicos no sector agrícola. Consequentemente, as agro-indústrias são um subconjunto do sector do agronegócio.

Tanto o agronegócio como a agroindústria envolvem a comercialização e o acréscimo de valor das empresas agrícolas e de pós-produção, e a criação de ligações entre empresas agrícolas (FAO, 2007). O agronegócio desempenha um papel vital no desenvolvimento económico. Em países com baixos níveis de rendimento per capita, o sector agrícola é frequentemente responsável por mais de metade do PIB e por 60 a 80 por cento do emprego total (IFC, 2014). A existência do agronegócio pode ajudar as comunidades a desenvolver o bem-estar social, a segurança alimentar e a reduzir a pobreza. De acordo com Pawa (2013), o sector do agronegócio é capaz de gerar emprego tanto diretamente (na exploração agrícola) como indiretamente (não agrícola) da abundante oferta de trabalho rural. Através da criação de emprego, aumenta e expande o mercado e a procura de produtos agrícolas, tal como o crescimento do sistema agroalimentar comercial nas zonas rurais é capaz de galvanizar o crescimento económico. A eficiência e a expansão do manuseamento pós-colheita, da transformação e da comercialização são um fator importante na ação dupla de fornecer alimentos e emprego às pessoas. O valor comercial da agricultura é capaz de gerar rendimentos mais elevados. Estes novos níveis de rendimento são capazes de transformar os pequenos agricultores em grandes agricultores. O mercado alargado aumenta a capacidade financeira dos fornecedores de factores de produção e o mercado para as empresas de transformação. No entanto, a sustentabilidade dos rendimentos provenientes da agroindústria depende em grande medida da ligação dinâmica entre a exploração agrícola e os sectores não agrícolas. Quando esses rendimentos se transformam em excedentes investíveis, estimulam o crescimento das economias rurais não agrícolas, o que se torna um fator importante na redução da pobreza rural.

O sector agroindustrial também desempenha um papel importante no desenvolvimento rural. O desenvolvimento rural tem por objetivo melhorar a qualidade de vida da maioria rural de baixos rendimentos numa base autossustentável através de uma transformação fundamental do modo de produção rural (Anyanwu J. et al, 1987). Isto significa que o desenvolvimento rural deve ser claramente concebido para aumentar a produção dos pobres e a sua capacidade de contribuir para a economia nacional. A maioria dos pobres do mundo são pequenos proprietários ou pessoas rurais sem terra que vivem em economias em desenvolvimento e em transição, e a maioria das pessoas pobres são consumidores líquidos de alimentos (Banco Mundial, 2008).

O sector é capaz de dinamizar a economia rural e melhorar o nível de vida da população rural. De acordo com Pawa (2013), o agronegócio bem-sucedido pode ter o seguinte impacto nas zonas rurais:

Emprego: O sector agroindustrial é capaz de gerar emprego, tanto diretamente (nas explorações agrícolas) como indiretamente (fora das explorações agrícolas), a partir da abundante oferta de mão de obra rural. Através da criação de emprego, aumenta e expande o mercado e a procura de produtos agrícolas, tal como o crescimento do sistema agroalimentar comercial nas zonas rurais é capaz de galvanizar o crescimento económico. A eficiência e a expansão do manuseamento, transformação e comercialização pós-colheita é um fator importante na ação dupla de fornecer alimentos e emprego às pessoas.

Geração de rendimentos/redução da pobreza: O valor comercial da agricultura é capaz de gerar rendimentos mais elevados. Estes novos níveis de rendimento são capazes de transformar os pequenos agricultores em grandes agricultores. O mercado alargado aumenta a capacidade financeira dos fornecedores de factores de produção e o mercado para as empresas de transformação. No entanto, a sustentabilidade dos rendimentos provenientes da agroindústria depende em grande medida da ligação dinâmica entre a exploração agrícola e os sectores não agrícolas. Quando esses rendimentos se transformam em excedentes investíveis, estimulam o crescimento das economias rurais não agrícolas, o que se torna um fator importante na redução da pobreza rural.

Segurança alimentar. Um agronegócio bem-sucedido é capaz de garantir a disponibilidade e o direito da população a alimentos suficientes em todos os momentos para garantir uma vida saudável. O agronegócio deve garantir a disponibilidade de alimentos (através do fornecimento) e incentivar o direito das pessoas com muitos pacotes de produtos alternativos para as pessoas.

Complementaridade/transformação estrutural. Uma ligação estratégica entre os sectores agrícola e não agrícola cria uma estrutura de produção integrada e um equilíbrio entre grandes e pequenas unidades de produção. Uma agroindústria dinâmica alimenta o crescimento do sector rural não agrícola através de uma série de ligações, enquanto a agricultura necessita de factores de produção fornecidos pelas empresas não agrícolas. O sector rural não agrícola cria integração para trás e ligações para a frente, conduzindo a um rápido processo de transformação estrutural.

Responsabilidade social das empresas: Espera-se que as grandes empresas de transformação cumpram a responsabilidade social das empresas para com as comunidades de acolhimento, para além de satisfazerem as necessidades nutricionais com produtos de qualidade. O melhor cenário para o desenvolvimento rural seria quando a maioria dos pobres tivesse conseguido passar das condições consideradas insatisfatórias para melhores padrões de valor e de sustento. Nessa altura, a agroindústria poderia ter gerado uma maior disponibilidade de bens essenciais à vida e, dadas as oportunidades geradas pela agroindústria (empregos, etc.), as pessoas teriam tido o impacto de espirais cumulativas (economicamente melhoradas) para se libertarem da servidão, capazes de se sustentarem a si próprias sem dependerem necessariamente do governo.

Um agronegócio bem sucedido é capaz de assegurar a disponibilidade e o direito das pessoas a alimentos suficientes em todos os momentos para garantir uma vida saudável. O agronegócio deve garantir a disponibilidade de alimentos (através do fornecimento) e incentivar o direito das pessoas a uma abundância de pacotes de produtos alternativos para as pessoas. (Umar, 2011). O desenvolvimento do agronegócio significa um desenvolvimento que se centra no sector agrícola num sistema completo, de montante a jusante, e nos seus sectores de apoio, de forma harmoniosa e simultânea (Asep et al, 2014).

De acordo com Pawa (2013), a cadeia de valor obtida a partir das oportunidades do agronegócio é que, à medida que a demanda e o mercado de produtos agroprocessados aumentam, o componente de empresas fornecedoras dos tri-agregados fornece os insumos e serviços do setor agrícola consequentemente: Induzindo a produtividade, a melhoria da qualidade e a inovação do mercado. Nesta situação, o rácio agroindústria/agricultura capta (a) o grau de desenvolvimento produtivo e comercial das actividades relacionadas com a agricultura (b) a sofisticação das ligações agro-industriais a montante e a jusante, a capacidade ou o nível de criação de mercados de valor acrescentado e a importância da distribuição e da venda a retalho. Nos últimos anos, a importância do sector agroindustrial aumentou significativamente, à medida que as estratégias de desenvolvimento agrícola passaram de uma abordagem puramente orientada para a produção para uma perspetiva mais ampla dos sistemas, que coloca a tónica na coordenação das cadeias agro-alimentares, na criação de valor e no contexto institucional em que as cadeias funcionam. Visto como um motor de crescimento, o agronegócio e as suas indústrias relacionadas estão a receber uma atenção crescente em políticas e estratégias que visam promover investimentos em agroempresas e o desenvolvimento da cadeia de valor de base agrícola (Gabor et al, 2013).

A criação de um ambiente propício ao desenvolvimento do agronegócio tornou-se uma prioridade na agenda de reformas da maioria dos governos. De acordo com Christy *et al.* (2009), os "ambientes propícios às empresas" são definidos como conjuntos de políticas, instituições, serviços de apoio e outras condições que, coletivamente, melhoram ou criam um ambiente geral de negócios onde as empresas e as actividades empresariais podem começar, desenvolver-se e prosperar. Ao estabelecer e aplicar normas que promovem a produção responsável de alimentos, facilitando o acesso a insumos e mercados agrícolas, regulando a concorrência, promovendo a competitividade no sector do agronegócio, apoiando a maior inclusão de pequenos proprietários e trabalhadores rurais (Banco Mundial, 2014).

De acordo com o Banco Mundial (2004), a criação de ambientes favoráveis é um fator-chave para atrair o Investimento Direto Estrangeiro (IDE) e os investimentos nacionais, enquanto a estimulação do investimento é vital para reforçar os ambientes favoráveis. O investimento traz mudanças estruturais aos ambientes propícios, ajuda as agro-indústrias e os agro-industriais a satisfazerem as exigências do mercado internacional de forma mais eficaz e ajuda a transformar os ambientes propícios em mercados competitivos. Um ambiente propício refere-se geralmente à criação de condições que atraem o investimento, por vezes especificamente o IDE, criando um bom clima de investimento. O IDE agrícola mina o mecanismo de melhoria das infra-estruturas rurais, acompanhado de subsídios governamentais às explorações de subsistência que deveriam ter resultado no incentivo ao desenvolvimento de mercados locais para os produtos dos pequenos agricultores. Este mecanismo, na opinião de Mihalache-O'Keef e Li (2011), é uma via recomendada para o desenvolvimento rural que alivia a pobreza. Além disso, a expansão das operações dos investidores estrangeiros através da compra de terras aos pequenos agricultores locais impede os agricultores de exercerem actividades de subsistência, obrigando-os a depender apenas de salários demasiado baixos para uma boa nutrição.

Existe uma interação interessante entre o IDE e a segurança alimentar. Os canais entre o IDE e a segurança alimentar são dois: desenvolvimento e crescimento, e acesso e disponibilidade de alimentos. Os IDE nos recursos naturais, como o solo e a agricultura, produzem maioritariamente para exportação para os países desenvolvidos. Esta integração vertical concretiza a dependência e a ligação colonial entre os países desenvolvidos e os países em desenvolvimento (Mihalache-O'Keef & Li, 2011).

Os países que criam climas favoráveis aos negócios empregam políticas, instituições e serviços sólidos para promover o investimento, atrair capital e gerar crescimento económico. Centrando-se nos agronegócios e nas agro-indústrias, Christy *et al.* (2009) chamaram aos ingredientes dos ambientes propícios as "necessidades propícias" (Figura 1). Os nove facilitadores identificados. Na base da pirâmide, o Estado deve fornecer "facilitadores essenciais" que possibilitem o funcionamento dos mercados e das empresas. Os chamados "facilitadores importantes" são actividades de segunda ordem que o Estado pode fornecer, e muitas vezes fornece, como as finanças, os transportes e a informação. Os "facilitadores úteis" são definidos como condições suficientes, mas não necessárias, incluindo graus e normas, ligação dos pequenos agricultores aos mercados formais e serviços de desenvolvimento empresarial (Gabor et al, 2013).

Figura 1: Hierarquia das necessidades de capacitação para a competitividade agroindustrial

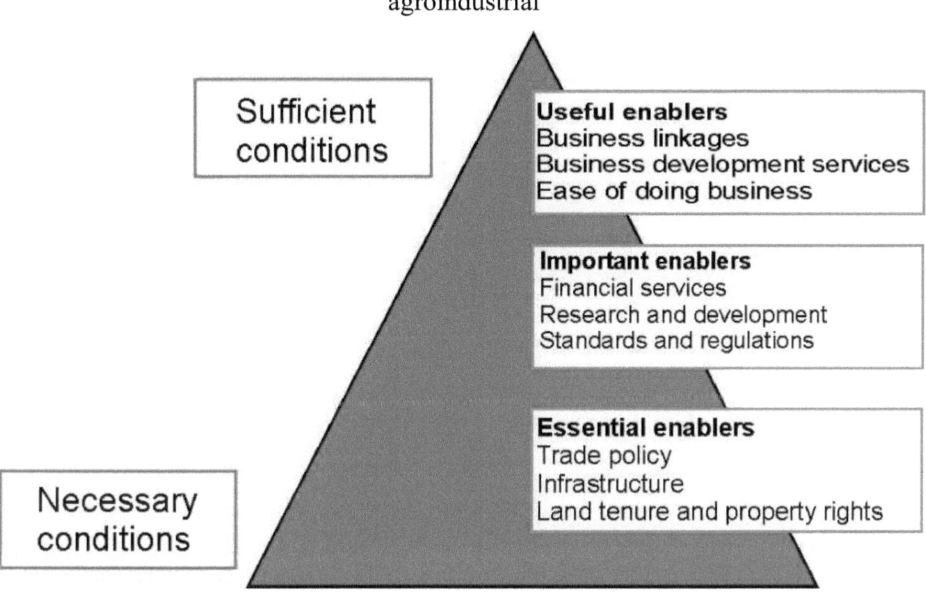

Fonte: Christy et al., 2009

As tendências actuais, como a integração económica global e regional, a urbanização, a privatização e a diminuição do papel dos governos nacionais, representam ameaças e oportunidades para as agro-indústrias. A penetração da economia de mercado em áreas isoladas abre oportunidades para a produção e transformação de novos bens. No entanto, isto também coloca grandes desafios, particularmente para as economias em desenvolvimento e em transição, onde o sector agroindustrial enfrenta uma concorrência crescente e a volatilidade do mercado. Estes desafios confrontam os governos e as instituições de apoio que têm de fazer mudanças fundamentais nas políticas, estratégias, competências da força de trabalho e ligações organizacionais para responder aos desenvolvimentos nos mercados mundiais e para promover o emprego sustentável no sector agroindustrial (UNIDO, 2013).

Para além do processo de industrialização, a crescente liberalização dos mercados agrícolas mundiais, bem como o conjunto de reformas dos mercados nacionais nos países em desenvolvimento, têm um impacto indesejável nos pequenos produtores de todo o mundo. Os esforços de liberalização, a harmonização das normas e o incentivo ao investimento direto estrangeiro podem dificultar muito a participação dos pequenos produtores nas novas oportunidades de comercialização oferecidas pelas reformas (Stanton, 2000). Esta situação resulta dos problemas típicos de acesso limitado ao capital e à assistência técnica, bem como de compradores competitivos. As reformas do mercado interno nos países em desenvolvimento impulsionaram as exportações agrícolas em geral e proporcionaram oportunidades para empresas globais e regionais investirem no sector agroalimentar nesses países. O rápido aumento do número de empresas multinacionais nos sectores agro-alimentares levou também a uma maior concentração nas empresas a jusante da cadeia agroalimentar e contribuiu para mudanças significativas na organização do sistema agroalimentar (Johann K. e Kurt S., 2002).

Os esforços para desenvolver o sector agrícola nos países em desenvolvimento têm lugar num contexto de grandes mudanças estruturais na indústria agrícola mundial. Em muitos países desenvolvidos, a produção agrícola está a passar de uma indústria dominada por explorações ou empresas familiares de pequena escala para uma indústria dominada por empresas de maior dimensão, mais estreitamente alinhadas ao longo da cadeia de valor da produção e da distribuição (Boehlje, 2000)

De acordo com Johann K. e Kurt S. (2002). Existem sérias preocupações quanto à capacidade de sobrevivência a médio prazo das pequenas explorações agrícolas e também das pequenas empresas agro-industriais nestas circunstâncias de mudança. No entanto, continuam a existir oportunidades a explorar pelas pequenas empresas e explorações agrícolas. Este papel pode estar relacionado com a diferenciação de produtos ligados a produtos da região de origem, ou produtos biológicos e outros nichos de mercado. A principal via para a sobrevivência continuada seria, no entanto, a exploração de outros factores. Um desses factores é a dependência de economias de escala externas e não internas, através de redes ou agrupamentos e outras formas de alianças. Isto pode ser feito entre pequenas empresas ou através do estabelecimento de ligações entre pequenas empresas ou produtores e empresas de maior dimensão que já tenham ultrapassado as principais barreiras à entrada no mercado. Estas ligações são geralmente formalizadas através de uma forma de contrato semelhante aos esquemas de contratos agrícolas aplicados nos países em desenvolvimento.

A partir da década de 1990, os países em desenvolvimento foram aconselhados a concentrar-se em programas de ajustamento estrutural para atrair capital estrangeiro, primeiro para tornar as suas indústrias nacionais mais competitivas e depois para as preparar para a exportação. Nos países em desenvolvimento e em transição, as agro-indústrias e os agronegócios dependem fortemente do IDE. Nas agro-indústrias e agro-negócios, o IDE flui normalmente para a venda a retalho de alimentos, onde o lucro previsto é comparativamente elevado, em vez da produção e transformação de alimentos (Konig, 2009). O IDE traz o capital e o crescimento necessários e pode levar a um aumento do número de actores no mercado, o que favorece a concorrência, aumenta a eficiência e baixa os preços ao consumidor, beneficiando os consumidores e a economia em geral. Como afirma Stanton (2000), o processo de industrialização, a crescente liberalização dos mercados agrícolas mundiais, bem como o conjunto de reformas dos mercados internos nos países em desenvolvimento, têm um impacto indesejável nos pequenos produtores de todo o mundo. Os esforços de liberalização, a harmonização das normas e o incentivo ao investimento direto estrangeiro podem tornar muito difícil a participação dos pequenos produtores em novas oportunidades de comercialização. Muitos países em desenvolvimento são importantes fornecedores de matérias-primas para as indústrias têxtil, do couro e da madeira. No entanto, com demasiada frequência, as matérias-primas deixam estes países sem qualquer transformação ou com uma transformação muito reduzida, privando assim os exportadores de um rendimento adicional em divisas muito necessário. Além disso, as indústrias relacionadas com a agricultura são frequentemente de mão de obra intensiva e recrutam grande parte da sua força de trabalho entre os grupos mais vulneráveis da população. Melhorar o desempenho destas indústrias pode, portanto, ter um impacto positivo direto na criação de emprego e na segurança humana (UNIDO, 2013).

1.2 Panorama da produção agrícola atual e da economia arménia

Após a independência em 1991, a Arménia tomou medidas para liberalizar a sua economia em geral, e o sector agrícola em particular, introduzindo grandes programas de reforma. O programa de privatização de terras da Arménia foi único entre as antigas repúblicas soviéticas no que diz respeito à rapidez e integridade da sua implementação (APIU, 2013). A Arménia tem 2,97 milhões de hectares de terra, dos quais 2,05 milhões de hectares são considerados terras agrícolas. A maioria das terras situa-se entre 1.000 e 2.500 m acima do nível do mar. Dos 2 120 milhares de hectares adequados para a agricultura, 449,1 milhares de ha (ou 21%) são terras aráveis, cerca de 32,6 milhares de ha (1,5%) são plantações perenes, 12,7 milhares de ha (0,6%) são prados e 1 117 milhares de ha (52,6%) são pastagens (Urutyan e Vardanyan, 2012). De acordo com os dados do Serviço Nacional de Estatística da RA, cerca de 33% das terras aráveis não são utilizadas como objetivo. Apenas 208,8 mil hectares de terras agrícolas são irrigados. Cerca de 35.000 ha estão fora de uso devido à salinização primária e secundária e 15.000 ha devido ao encharcamento (água subterrânea a 1-2 m de profundidade). No total, cerca de 200 000 ha de terras agrícolas em todo o país estão fora de uso por uma variedade de razões (Urutyan e Christian, 2011). A maior parte das terras aráveis está concentrada no vale do Ararat. Na esfera da produção agrícola, os principais utilizadores das terras são os agricultores privados que detêm 71,7% das terras aráveis privatizadas, 78,3% das áreas de culturas perenes e 48,4% das pastagens. Consequentemente, o sector privado produz mais de 98% do produto agrícola bruto (Avetisyan, 2010).

Em 1992, os sectores empresarial e agrícola da Arménia estavam estagnados e não funcionavam. Os factores de produção agrícola, a maquinaria, a dimensão das explorações e o capital desapareceram ou tornaram-se obsoletos, enquanto o mercado dos produtos agrícolas mudou radicalmente. Num período de cinco a dez anos, a agricultura arménia passou de uma produção elevada e orientada para a exportação para um nível de subsistência, com uma população rural que sofreu uma grave degradação e declínio da sua qualidade de vida. Além disso, a deterioração da utilização das terras, como a negligência das rotações de culturas, a utilização de fertilizantes e de agentes de controlo de pragas e doenças, diminuiu significativamente. Por último, a ausência de maquinaria resultou numa diminuição global da produtividade agrícola (Navasardyan, 2000). Nenhum país pode sobreviver muito tempo em tais condições. Era necessário mudar radicalmente as instituições de investigação, de ensino e de extensão para acompanhar o ritmo do sector privado. Havia uma necessidade crítica de assistência necessária e de programas de crédito para tornar viáveis as explorações, os negócios e as empresas agrícolas (MoA, 2015)

A pedido do Governo da Arménia, para garantir o êxito da execução dos diferentes programas sectoriais, uma missão da FAO/CP visitou a Arménia em abril/maio de 1994 e ajudou o Governo a identificar um projeto que apoiasse os programas de reforma agrícola. Uma missão anterior do Banco Mundial visitou a Arménia em maio/junho de 1993 e preparou uma análise do sector. Foi elaborado um documento estratégico que incluía as reformas necessárias para o desenvolvimento do sector. O Projeto de Apoio à Reforma Agrícola (ARSP) foi proposto para reforçar as mudanças de política, prestando assistência à reestruturação das empresas agro-industriais privatizadas, disponibilizando crédito a instituições financeiras dispostas e capazes de conceder subempréstimos a pequenos agricultores numa base sustentável, e empreendendo uma reestruturação significativa da investigação e extensão agrícola e investindo nestes serviços agrícolas (APIU, 2013).

A partir de 1992, o Departamento de Agricultura dos EUA (USDA) iniciou diferentes projectos para ajudar o sector. O USDA promoveu uma ética de serviço e de trabalho que ajudará a promover e a sustentar a mudança económica. O estabelecimento de funções e estruturas de investigação e extensão com base em modelos externos (não arménios) durante 1992-95 foi um primeiro passo necessário para garantir que a investigação, a assistência técnica e o trabalho de extensão relevantes continuem a ser abordados. Um segundo passo, dado em 1996, para o USDA foi a transição para um Projeto de Assistência à Comercialização (MAP) que tornaria a agricultura e a agroindústria arménias competitivas e eficientes na produção de produtos alimentares nacionais e nas exportações. Durante 8 anos, o MAP ajudou os agricultores e as empresas agro-industriais a produzir, comercializar e exportar produtos alimentares ou afins e concedeu o tão necessário crédito. O objetivo era criar postos de trabalho, aumentar o rendimento pessoal, elevar o nível de vida dos arménios que trabalham no sector agro-processador e ajudar a criar mercados adicionais para os agricultores e para as empresas agro-industriais viáveis (Linda et al, 2004).

A fim de melhorar e desenvolver uma agricultura mais eficiente e sustentável, o Ministério da Agricultura, juntamente com a FAO, concebeu uma "Estratégia para o desenvolvimento agrícola sustentável" (MoA 2002, 2004, 2006, 2008). Este documento lançou as bases para a adoção do "Programa Estratégico Sustentável para o Desenvolvimento Agrícola e Rural 2010-2020" pelo Governo da Arménia e pelo Ministério da Agricultura, que visa restaurar as circunstâncias da crise financeira e, através da formulação de mecanismos anti-crise, contribuir para a modernização do sistema agroalimentar e aumentar a sua competitividade (GoA, 2010).

A visão do Governo da Arménia em matéria de agricultura e desenvolvimento rural inclui, mas não se limita a:

1. Desenvolvimento de organizações agrícolas comerciais, cooperativas e explorações familiares integradas com infra-estruturas de mercado através da aplicação de tecnologias intensivas;

2. Segurança alimentar estável da população e satisfação da procura de matérias-primas para a transformação de produtos agrícolas através de uma combinação realista dos interesses de segurança alimentar e da vantagem comparativa do comércio externo de produtos agrícolas e alimentares;

3. Aumento do produto bruto na agricultura devido ao aumento da produtividade do trabalho, à redução comparativa do número de pessoas empregadas na agricultura e à utilização de parte da mão de obra excedentária na esfera não agrícola através de serviços e formações agrícolas.

4. Transformação de matérias-primas agrícolas produzidas em unidades de produção de PME;

5. Predomínio da produção de produtos agrícolas com elevado valor acrescentado na estrutura intra-ramo da cultura vegetal e da criação animal;

6. Elevado nível de segurança alimentar da população do país, garantindo a auto-sustentabilidade dos géneros alimentícios de base, a redução da pobreza rural e da migração.

Os objectivos do documento de política estratégica são:

1. Ultrapassar as consequências da crise financeira e aplicar novos mecanismos anti-crise

2. Aprofundar as reformas agrárias e desenvolver as cooperativas agrícolas

3. Elevado nível de segurança alimentar no país, auto-sustentabilidade dos produtos alimentares vitais

4. Aumento da competitividade dos produtos nacionais e desenvolvimento de produtos orientados para a exportação

5. A especialização setorial e a distribuição óptima dos produtos

6. Aumentar a eficiência da utilização dos solos

7. Desenvolvimento da agricultura biológica

8. Desenvolvimento da produção vegetal:

- Investimento em tecnologias avançadas
- Prevalência de produtos agrícolas de valor acrescentado na produção vegetal
- Desenvolvimento de sistemas de produção e seleção de sementes, investimento em novos mecanismos de controlo da qualidade das sementes
- Proteção das culturas e aplicação de quarentenas
- Diversidade genética das culturas e proteção das especiarias silvestres

9. Desenvolvimento da criação de animais:

- Apoio à repartição eficaz e racional dos casais nos sectores da pecuária,
- Desenvolvimento da criação e implementação de actividades complexas para a reprodução do rebanho
- Melhorar a eficácia dos projectos e serviços veterinários
- Desenvolvimento da base de alimentação animal através da criação de pequenas unidades de produção de alimentos para animais em todas as regiões da Arménia
- Apoio ao desenvolvimento de organizações de comerciantes de gado
- Conservação da diversidade genética das raças de animais de criação

10. Transformação de matérias-primas agrícolas:

- Desenvolvimento do sector através de uma distribuição óptima das empresas de transformação
- Aplicação de tecnologias avançadas e melhoria da competitividade dos produtos
- Apoio ao mercado e desenvolvimento de relações contratuais entre empresas de transformação
- Desenvolvimento de tecnologias de produção

11. Desenvolvimento de infra-estruturas sociais nas zonas rurais

12. Redução dos riscos na agricultura

13. melhoria do acesso às facilidades de crédito na agricultura

14. melhoria do sistema de conhecimento, ciência e aconselhamento 15. melhoria do sistema de registo das explorações agrícolas (ARLIS, 2010).

Em 2014, juntamente com o agro-processamento associado, a agricultura foi responsável por cerca de 21,9% do PIB, cerca de 18% das receitas de exportação e cerca de 40% do emprego. No sector agrícola, as Marzes (províncias) mais activas da Arménia são Armavir, Ararat e Gegharkunik, cuja produção bruta acumulada em 2013 constituiu 464,9 mil milhões de dramas arménios, o que representa 50,6% da produção agrícola bruta da Arménia (Avenue Consulting Report, 2014). O rápido crescimento económico ao longo da última década gerou novas oportunidades para o sector agrícola, que tem crescido a uma taxa robusta, em média superior a 6% ao ano desde 1997, apesar da recessão em 2009-10 (CIA, 2015). As exportações de produtos agrícolas duplicaram desde 2005, principalmente bebidas e, em menor medida, produtos de frutas e vegetais, embora tenha havido um aumento significativo, mas proporcionalmente pequeno, na exportação de animais vivos em 2011. No entanto, o sector não tem sido capaz de aproveitar plenamente as oportunidades, com a expansão da procura dos consumidores a ser parcialmente satisfeita por um aumento substancial dos produtos importados, que ultrapassou as exportações e resultou num aumento constante do fosso entre as importações e as exportações e num aumento do défice agroalimentar (APIU, 2013).

Globalmente, a Arménia é um importador líquido de produtos agrícolas, com importações de 700 milhões de dólares em 2011, em comparação com exportações de cerca de 230 milhões de dólares (APIU, 2013). A indústria transformadora e a indústria na economia arménia representam 31,5% do PIB e empregam 16,80% da população. O sector dos serviços representa 46,6% do PIB e emprega 39% da população (CIA, 2015).

Como ilustrado na Figura 2, a Arménia é especialmente rica em frutos, bagas e nozes, como damasco, uva, pêssegos, maçãs, ameixas, peras, romãs, marmelos, figos, nozes e outros frutos. As condições agro-ecológicas também permitem o cultivo de muitas variedades de legumes, incluindo tomate, pimento, beringela, couve, batata, pepino, cenoura, abóbora, feijão, rabanete, salsa, manjericão, coentros, hortelã, funcho, estragão, agrião, couve-flor, alface, melancia, melão e ervilhas. O trigo de inverno e a cevada de primavera são os cereais dominantes. O milho é cultivado principalmente para alimentação animal e, nas zonas montanhosas, o cultivo de centeio e aveia é limitado. A alfafa, o sanfeno, o trevo, o amaranto, a beterraba forrageira e a ervilhaca são também cultivados como culturas forrageiras. Uma pequena quantidade de tabaco é cultivada como cultura industrial. A criação de bovinos, suínos, aves de capoeira e ovinos são os ramos mais desenvolvidos da criação de animais e a produção bruta de produtos pecuários é aproximadamente metade da produção agrícola global (John, 2013).

Figura 2: Valores de produção por produtos de base (2009-2013)

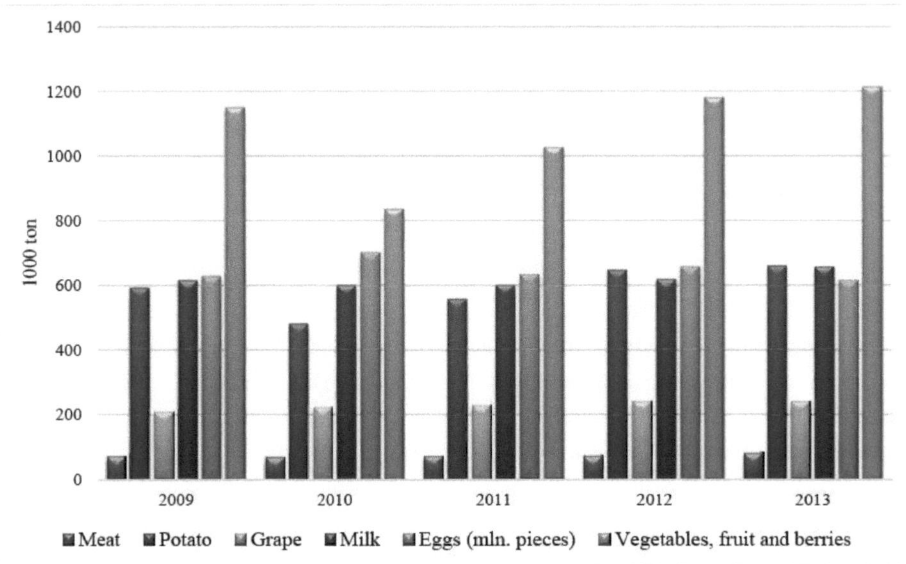

Fonte: Edição dos autores, NSS 2015

Durante a última década, a produção vegetal e a criação de animais registaram flutuações nas suas taxas de crescimento. De um modo geral, entre 2001 e 2013, ambos os subsectores registaram um crescimento significativo. Como se pode ver na Figura 3, a principal quebra na produção agrícola ocorreu nos anos de crise mundial (2008-2010). Felizmente, com os enormes esforços do governo e das organizações internacionais, os agricultores conseguiram recuperar e ultrapassar o seu nível de produção, o que se reflecte muito bem nos resultados da produção de 2010-2014. Além disso, em 2010, o governo deu grande prioridade ao sector e aprovou a estratégia 2010-2020 de desenvolvimento sustentável das zonas rurais e da agricultura na República da Arménia (RA).

Figura 3: Produção vegetal e criação de animais (2001-2013)

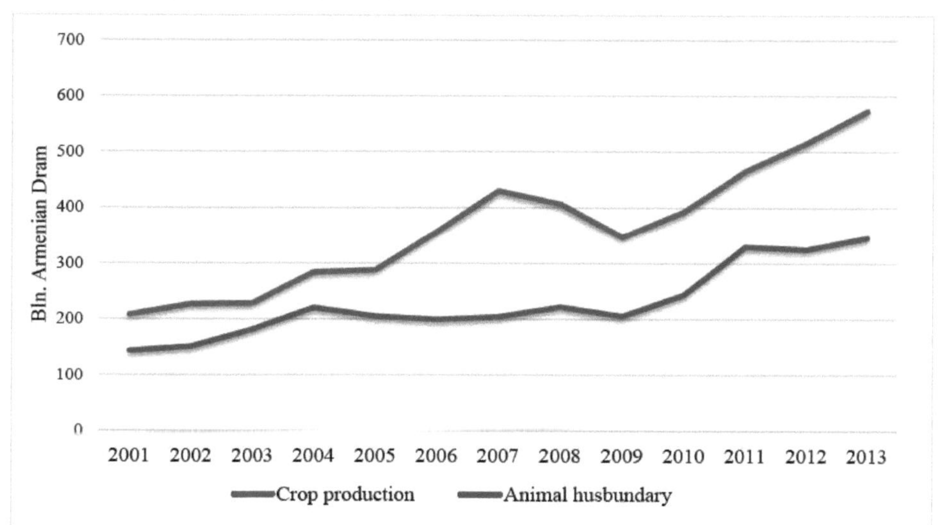

Fonte: Edição dos autores, NSS 2015

Além disso, a agricultura tem mantido a sua importância central para o emprego e os rendimentos rurais, bem como para o abastecimento alimentar interno e como fonte de expansão das exportações de produtos alimentares e bebidas. De acordo com a figura 4, para além dos frutos e produtos hortícolas secos e frescos, todos os outros tipos de produtos de base registaram um ligeiro aumento das exportações nos últimos 3 anos.

Figura 4: Exportação dos principais produtos de base (2012-2014)

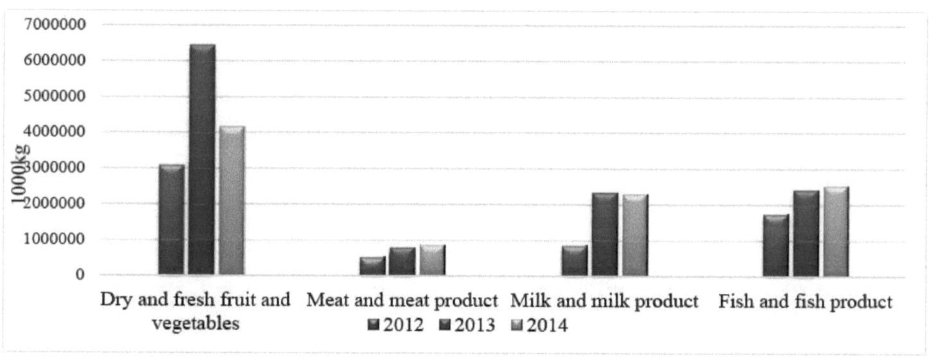

Fonte: Edição dos autores, SSFS, 2015

Como já foi referido, a Arménia é um importador líquido de produtos agrícolas, especialmente de diferentes tipos de trigo e outros cereais. A figura 5 mostra o elevado nível de importação de frutos e produtos hortícolas secos e frescos. Os restantes bens e produtos têm um nível de autossuficiência relativamente elevado no país, o que é comprovado pelo baixo nível de importação de carne, leite, peixe e alimentos e produtos transformados. Segundo a estratégia de desenvolvimento sustentável das zonas rurais e da agricultura, até 2020, a autossuficiência de trigo e outros cereais deve ser aumentada em 70% (ARLIS, 2010).

Figura 5: Importação dos principais produtos de base (2012-2014)

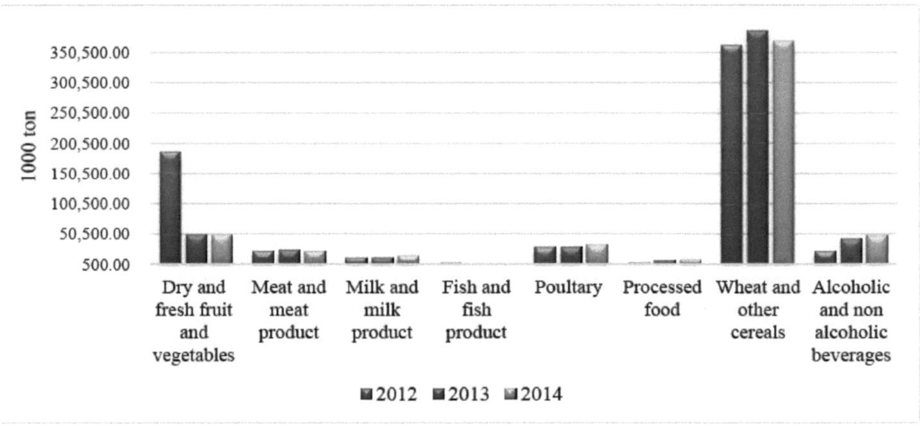

Fonte: Edição dos autores, SSFS, 2015

De acordo com o último Inquérito ao Emprego Rural, o rendimento médio total dos agregados familiares (incluindo o autoconsumo) proveniente da produção vegetal e animal e da transformação ascende a cerca de 45 000AMD, cerca de 110 dólares, por mês (dois terços da produção vegetal e da transformação e um terço da produção animal, o que se correlaciona com os valores globais da produção, que mostram que 68% provêm das culturas e 32% da produção animal (FAO, 2012).

1.3 Estado de desenvolvimento do subsector agroindustrial na RA

Desde os tempos soviéticos e até hoje, a indústria agro-transformadora da Arménia é um dos ramos mais importantes e eficientes da economia, sendo também muito importante em termos de emprego da população rural e de geração de rendimentos, promovendo a segurança alimentar e económica e a formação de um mercado alimentar agrícola, bem como fornecendo um abastecimento estável de alimentos garantidos e de boa qualidade. Na primeira fase das reformas agrárias que se seguiram ao início das reformas económicas, a Arménia sofreu um bloqueio económico e a maioria das empresas de transformação de produtos agrícolas cessou as suas actividades. Desde 1998, devido a investimentos adicionais do sector privado e ao apoio de organizações internacionais, a situação na indústria agro-processadora melhorou significativamente. Atualmente, as empresas envolvidas na indústria de transformação de alimentos agrícolas estão a adaptar-se gradualmente à economia de mercado. Estas empresas comprometeram-se a aumentar a eficiência do trabalho e a competitividade dos produtos produzidos e a diversificar a produção. Algumas empresas em desenvolvimento estão a competir com sucesso nos mercados nacionais, nos países da Comunidade de Estados Independentes (CEI), bem como nos mercados alimentares internacionais e fazem investimentos para um maior desenvolvimento da produção. A melhoria das actividades do sistema de transformação e o aumento gradual dos volumes de exportação contribuíram para atenuar os problemas de venda da produção agrícola e aumentar o nível de produção das empresas agrícolas. De acordo com as avaliações, existem atualmente cerca de 1600 empresas de produção alimentar na Arménia. O conjunto das empresas de transformação oferece cerca de 20 611 postos de trabalho no país (MoA, 2015).

A figura 6 ilustra o número de grandes, pequenas e médias empresas que representam o agronegócio na Arménia. De um modo geral, o número de PME é relativamente superior ao das grandes empresas. O número de empresas de produção de sal, açúcar, cerveja e peixe é o mais baixo ou quase o mesmo. A panificação, os alimentos secos e as especiarias, a confeitaria e a produção de massas alimentícias lideram o número de empresas representadas na Arménia.

Figura 6: Número de empresas de transformação a operar na Arménia (2014)

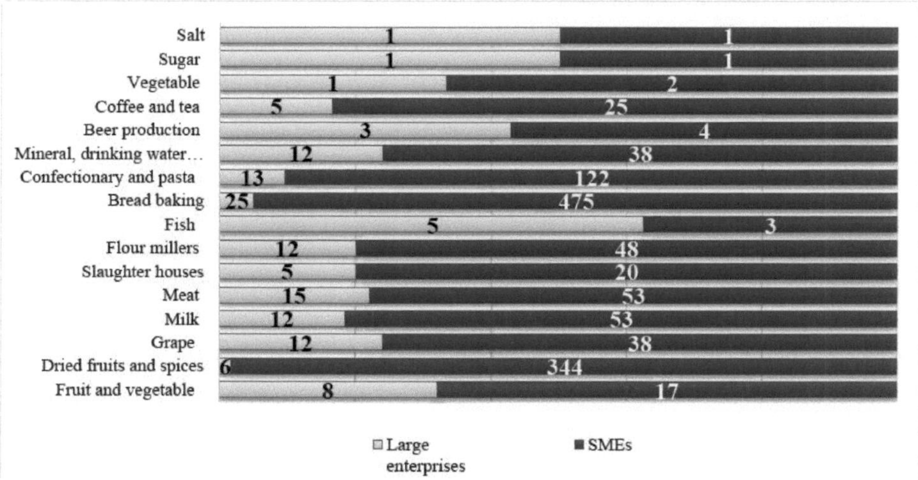

Fonte: Edição do autor, MdA, 2015

O sector desempenha um papel exclusivo no abastecimento alimentar da população do país. Os volumes de produção no período 2010-2014 derivados da transformação de produtos agrícolas da RA são apresentados no Anexo 1. O peso específico da indústria de transformação de matérias-primas agrícolas no sector industrial do país constituiu

38,4% e na indústria de cultivo 58,6% (MoA, 2015). No passado, a indústria de transformação alimentar arménia centrou-se na produção de compotas doces, sumos, pasta de tomate e marinadas de vegetais para os mercados interno e externo. A indústria do vinho e do brandy continua a ser um dos ramos mais importantes da economia arménia, com 35 adegas, três destilarias de brandy e uma fábrica de vinho espumante.

As compotas e os sumos de alperce e de pêssego da Arménia têm um sabor e um aroma únicos e reconhecidos pelos consumidores. Existem também condições naturais favoráveis para a produção de queijo e, no passado, a Arménia era um país produtor de queijo bem conhecido, fornecendo 34 000 toneladas de queijo localmente e para exportação, incluindo 1 200 toneladas de queijos suíços e de tipo suíço e 800 toneladas de queijo Roquefort por ano. Atualmente, uma série de fábricas de queijo, todas privatizadas, estão ativamente envolvidas na produção de queijos europeus e tradicionais arménios. As fábricas de lacticínios também produzem gelado, iogurte, natas azedas e outros produtos. Na década de 1990, registou-se uma diminuição significativa das capacidades de produção das fábricas de transformação de produtos alimentares, de tal modo que, em 1997, a maior parte das empresas funcionava com apenas 5-10% da sua capacidade anterior. Nos anos mais recentes, registou-se uma certa revitalização devido ao estabelecimento gradual de infra-estruturas localizadas de produção e comercialização de alimentos.

A indústria de transformação de alimentos enlatados tem atualmente 14 fábricas com uma capacidade total de mais de 300 000 toneladas, entre as quais se encontram várias grandes fábricas de conservas. Consequentemente, o volume de exportação de produtos agrícolas arménios está a aumentar. No entanto, muitas empresas locais de transformação de alimentos possuem equipamento desatualizado e ainda necessitam de investimentos significativos para melhorar as instalações existentes (John, 2013). A Figura 7 dá-nos informações sobre os produtos exportados derivados das matérias-primas agrícolas. De acordo com o gráfico, as frutas e legumes enlatados têm o nível mais elevado de exportação. Além disso, os produtos acima mencionados registaram um ligeiro aumento do nível de exportação nos últimos 3 anos. Uma das principais razões para o crescimento destes produtos é o facto de terem uma grande procura não só nos países da CEI, mas também no mercado europeu. As exportações de massas alimentícias, óleo vegetal e açúcar registaram o nível mais baixo durante os últimos 3 anos e não apresentaram qualquer crescimento. Além disso, o gráfico mostra que a exportação de queijos, cerveja e carne registou uma diminuição gradual.

Figura 7: Principais tipos de produção derivados da transformação de matérias-primas agrícolas: o nível de exportação (2014)

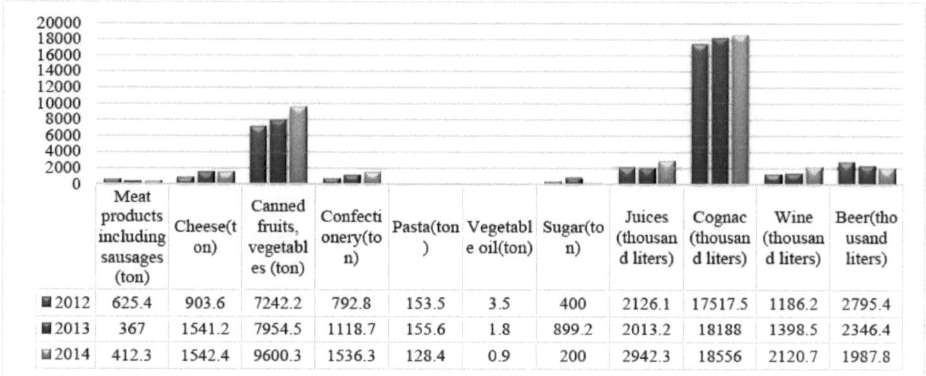

	Meat products including sausages (ton)	Cheese(ton)	Canned fruits, vegetables (ton)	Confectionery(ton)	Pasta(ton)	Vegetable oil(ton)	Sugar(ton)	Juices (thousand liters)	Cognac (thousand liters)	Wine (thousand liters)	Beer(thousand liters)
2012	625.4	903.6	7242.2	792.8	153.5	3.5	400	2126.1	17517.5	1186.2	2795.4
2013	367	1541.2	7954.5	1118.7	155.6	1.8	899.2	2013.2	18188	1398.5	2346.4
2014	412.3	1542.4	9600.3	1536.3	128.4	0.9	200	2942.3	18556	2120.7	1987.8

Fonte: Edição do autor, MdA, 2015

A Figura 8 dá-nos informações sobre o nível de importação de produtos de valor acrescentado de 2012-2014. O gráfico mostra que os produtos alcoólicos (conhaque, vinho e cerveja) e não alcoólicos (sumos) têm o nível de importação mais baixo. Além disso, o queijo e os produtos de charcutaria têm quase o mesmo nível de importação. Em contrapartida, os óleos vegetais e os produtos de confeitaria registam o nível de importação mais elevado. De um modo geral, todos os produtos importados, para além do óleo vegetal, não registaram qualquer flutuação no nível de crescimento.

Figura 8: Principais tipos de produção derivados da transformação de matérias-primas agrícolas: o nível de importação (2014)

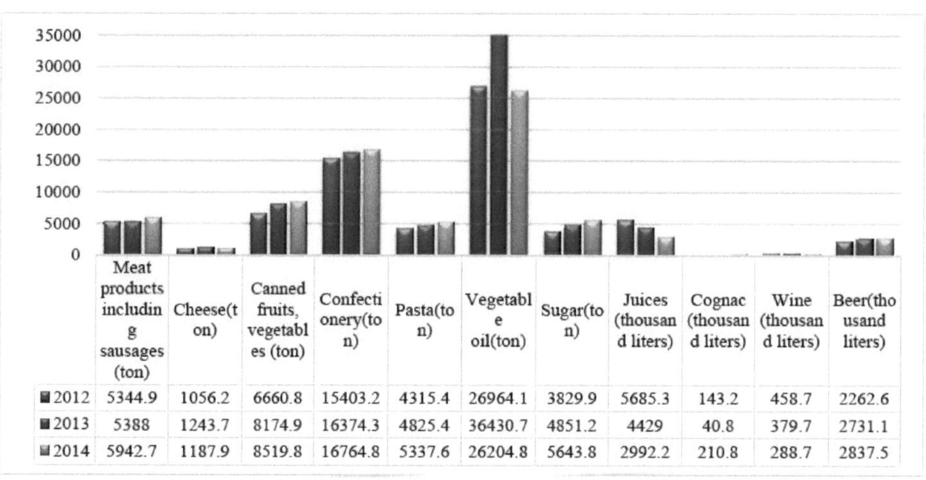

	Meat products including sausages (ton)	Cheese(ton)	Canned fruits, vegetables (ton)	Confectionery(ton)	Pasta(ton)	Vegetable oil(ton)	Sugar(ton)	Juices (thousand liters)	Cognac (thousand liters)	Wine (thousand liters)	Beer(thousand liters)
2012	5344.9	1056.2	6660.8	15403.2	4315.4	26964.1	3829.9	5685.3	143.2	458.7	2262.6
2013	5388	1243.7	8174.9	16374.3	4825.4	36430.7	4851.2	4429	40.8	379.7	2731.1
2014	5942.7	1187.9	8519.8	16764.8	5337.6	26204.8	5643.8	2992.2	210.8	288.7	2837.5

Fonte: Edição do autor, MdA, 2015

De acordo com o Ministério da Agricultura (2015), o preço médio por quilo de matéria-prima agrícola em 2014 excedeu o nível do ano anterior em 4,18,4%. A variedade de produtos hortícolas e frutas recolhidos tornou-se ampla e diversificada. São colhidas quase todas as variedades de legumes, frutos e bagas que crescem na Arménia, incluindo ervilha verde, alcaparra, pimenta preta e vermelha, cenoura, abóbora, carpa, hemerocallis e outras plantas silvestres, quase todas as variedades de bagas, bem como romã, marmelo, ameixa, cereja, cereja, noz verde, amora, etc. Antes de iniciar a recolha de frutas, legumes e uvas em 2014, as empresas de transformação celebraram 11965 contratos com agricultores, dos quais 11381 para a compra de uvas e 584 para frutas e legumes. No âmbito destes contratos, foram pagos aos agricultores adiantamentos no valor de 2 milhões de USD, bem como medicamentos e outros apoios no valor de 1,5 milhões de USD. As restantes empresas estabeleceram relações contratuais durante o processo de recolha (MoA, 2015). A Figura 9 dá-nos uma informação sobre o nível de autossuficiência dos produtos derivados do agronegócio. Geralmente, as empresas do agronegócio estão a conseguir produzir uma proporção suficiente de produtos para a população. A autossuficiência de óleo vegetal é a mais baixa, flutuando entre 1020%. Isto deve-se ao facto de as condições climáticas na Arménia não serem favoráveis à produção de matérias-primas para a produção de óleo natural. Em contrapartida, as bebidas alcoólicas e não alcoólicas apresentam o nível mais elevado de autossuficiência na Arménia.

Figura 9: Principais tipos de produção derivados da transformação de matérias-primas agrícolas: autossuficiência (%), (2014)

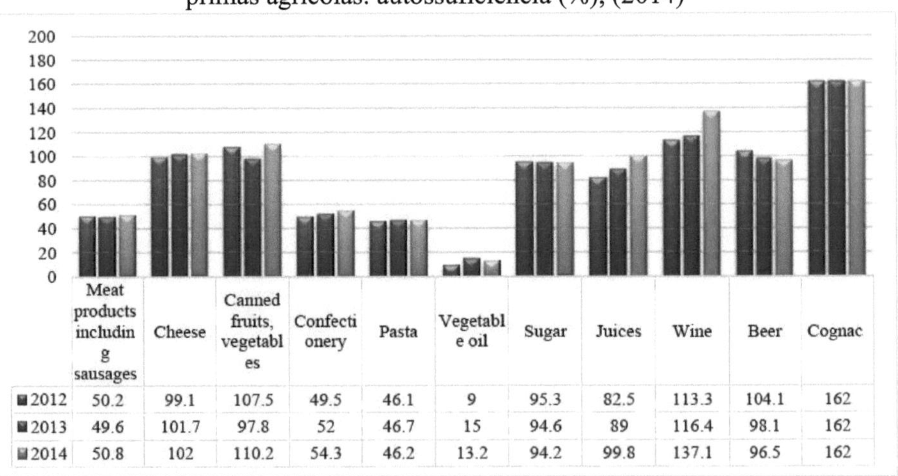

	Meat products includin g sausages	Cheese	Canned fruits, vegetabl es	Confecti onery	Pasta	Vegetabl e oil	Sugar	Juices	Wine	Beer	Cognac
2012	50.2	99.1	107.5	49.5	46.1	9	95.3	82.5	113.3	104.1	162
2013	49.6	101.7	97.8	52	46.7	15	94.6	89	116.4	98.1	162
2014	50.8	102	110.2	54.3	46.2	13.2	94.2	99.8	137.1	96.5	162

Fonte: Edição do autor, MdA, 2015

A fim de reforçar a parceria público-privada, organizar eficazmente o processo de recolha de matérias-primas agrícolas e assegurar o bom funcionamento e o desenvolvimento dos sectores da criação de gado, da cultura de plantas, dos produtos lácteos, do vinho, dos produtos hortícolas em conserva e da produção de frutos, foi elaborado e assinado um memorando de cooperação pelo Ministro da Agricultura da RA e pelas empresas produtoras de produtos lácteos, vinho, frutos em conserva e produtos hortícolas, pelas ONG que desenvolvem actividades nestes sectores, com sindicatos de entidades jurídicas, instituições académicas, de ensino e de investigação, bem como com sindicatos de produtores arménios de conhaque, produtos lácteos, vinho, produtos em conserva e sumos. Para o desenvolvimento da produção de carne, o crescimento do volume de vendas de produtos de carne, a expansão da cooperação das organizações que operam na esfera e a promoção da taxa de produção nacional nos mercados-alvo, com esforços conjuntos, o Ministério da Agricultura iniciou o processo de criação de uma união de produtores de carne da Arménia.

São desenvolvidos os projectos do Tratado Fundador e do Estatuto da União, que são apresentados às empresas e é organizado um debate com as mesmas. O Governo da RA adoptou uma política industrial orientada para a exportação e aprovou a estratégia da política industrial orientada para a exportação da RA. Além disso, a adoção do projeto de resolução do Governo da RA sobre a "Aprovação da estratégia para o desenvolvimento da indústria de transformação de produtos agrícolas e o calendário das acções de execução da estratégia" promoverá o desenvolvimento sustentável da indústria de transformação de produtos agrícolas e o aumento das quantidades exportadas. Simultaneamente, estão a ser realizados na Arménia trabalhos aprofundados com funções adicionais decorrentes da adesão à União Económica Eurasiática, em especial a implementação das reformas legislativas e institucionais que promoverão uma rápida integração na União Eurasiática, aumentarão a confiança na qualidade e segurança dos alimentos produzidos e impulsionarão significativamente a produção e aumentarão as exportações (MoA, 2015).

CAPÍTULO 2. MATERIAIS E MÉTODOS

O objetivo do capítulo é dar uma imagem sobre a área de estudo e as formas de recolha de dados. Descreve toda a província e dá informações sobre a economia da província, dando grande ênfase à agricultura. Além disso, o capítulo contém técnicas analíticas que utilizei para processar os dados primários que foram recolhidos no inquérito.

2.1A área de estudo

A província de Vayoc Dzor está localizada no sudeste da República da Arménia (RA) e tem 51 000 habitantes. Fica a 175 km da capital Yerevan e tem uma área de 2308 km^2 . A província é constituída por 44 comunidades: 3 zonas urbanas e 41 zonas rurais. 12 comunidades estão localizadas dentro da fronteira nacional, 7 estão em zonas de alta montanha e 13 em zonas montanhosas. Cerca de 65% da população vive em zonas rurais e está profundamente especializada na agricultura. A economia da província é uma das mais fracas do país (NSS 2015). A contribuição do sector industrial é demasiado baixa e o PIB da região provém principalmente das actividades agrícolas. O sector industrial é representado apenas pelas empresas de processamento de alimentos que se especializam principalmente na produção de bebidas alcoólicas, como o vinho, o conhaque e a vodka. A área da província é muito rica em águas minerais, matérias-primas para vidro (areia de quartzo), pigmentos e ouro, calcário, basalto, granito, travertino e mármore. Além disso, a natureza da província é muito rica em ervas (MTA, 2015). Não existe uma grande diferença entre o nível de desenvolvimento social e económico das comunidades. A estrada principal que liga a Arménia ao Irão passa pela região e tem um papel crucial na perspetiva e no desenvolvimento futuro da província. As principais actividades agrícolas da região são a criação de animais e a horticultura. Os agricultores da província também cultivam cereais, tabaco, legumes e culturas forrageiras. Entre os dois principais sectores agrícolas, a criação de animais ocupa uma posição de liderança com 66,1% do PIB agrícola (NSS 2015). A província é escolhida como área de estudo porque tem um elevado potencial para o desenvolvimento de várias actividades relacionadas com a agricultura e pode facilmente ter um desenvolvimento endógeno em caso de gestão adequada. Além disso, tem muitas heranças históricas que são atractivas para os turistas e podem facilmente rebentar com o turismo rural. Além disso, é uma região muito famosa pela sua produção de vinho e uvas. No entanto, de acordo com o Serviço Nacional de Estatística (2015), na região de Vayoc Dzor, 21% da população vive na pobreza, com falta de oportunidades. Entretanto, há uma falta de investigação realizada na região para identificar as principais causas e efeitos de vários problemas que os agricultores enfrentam.

2.2 Método de recolha de dados

Os dados utilizados no estudo provêm basicamente de fontes primárias e secundárias, principalmente do boletim estatístico do Serviço de Estatística da Arménia, do Serviço Estatal de Segurança Alimentar, do Centro Republicano de Apoio à Agricultura e do Relatório Anual do Ministério da Agricultura. Os anos selecionados para os estudos foram escolhidos devido à disponibilidade de dados. A publicação foi concebida para servir de referência fácil para informações e fontes estatísticas.

Os dados primários foram recolhidos através de um questionário estruturado distribuído aos inquiridos. Foi utilizada uma amostragem aleatória para recolher os dados. Foi distribuída uma amostra total de 46 questionários para recolher informações sobre a socioeconomia dos agricultores, os tipos de produção agrícola, as fontes de crédito, os constrangimentos enfrentados e as perspectivas da agroindústria.

2.3 Técnica analítica

Foram utilizadas estatísticas descritivas, tais como ilustrações gráficas, percentagens, frequências e gráficos de pizza, para descrever as caraterísticas socioeconómicas e a estrutura e perfil da agricultura na região. Utilizámos narrativas e medidas de tendência central (como o mínimo, o máximo e a média) para analisar os dados recolhidos. Além disso, foi utilizada a análise de correlação para analisar a relação entre o rendimento mensal do agregado familiar, o número de anos de experiência agrícola e o tamanho da terra, e foi utilizada a análise de regressão para analisar a influência dos factores socioeconómicos na produtividade das explorações agrícolas.

2.3.1 Análise de regressão dos efeitos dos factores socioeconómicos na produtividade agrícola

Foi utilizada a análise de regressão para analisar os efeitos dos factores socioeconómicos no índice de produtividade agrícola (Y). O modelo empírico especifica a produtividade das culturas como a variável dependente (Y) e as variáveis independentes são as caraterísticas socioeconómicas selecionadas, que incluem a idade dos agricultores, o estado civil, a dimensão do agregado familiar, a dimensão da exploração, os anos de experiência agrícola, o nível de instrução, as despesas mensais, o acesso a formação agrícola, o acesso a facilidades de crédito

Isto pode ser implícito e explicitamente expresso como:

Implicitamente; $Y = f(X_1, X_2, X_3, X_4, X_5, X_6, X_7, X_8, X_9, e)$ *(1)*

Explicitamente: $Y = \beta + aX_1 + b X_2 + c X_3 + dX_4 + d X_5 + eX_6 + f X_7 + gX_8 + hX_9 + e$ *(2)*

Y= índice de produtividade total = $\frac{value\ of\ output}{total\ cost\ of\ input}$ *(3)*

Onde Y = Índice de produtividade total

X_1 = Idade dos agricultores (anos)

X_2 = Estado civil (1, se casado, 0, caso contrário)

X_3 = Dimensão do agregado familiar (número)

X_4 = Dimensão da exploração (Hectares)

X_5 = Anos de experiência agrícola (anos)

X_6 = Estatuto académico (1, se ensino superior, 0, caso contrário)

X_7 = Despesa mensal (Dram arménio)

X_8 = Acesso à formação agrícola (1, se sim, 0, caso contrário)

X_9 = Acesso a facilidades de crédito (1, se Sim, 0, caso contrário) e_i = Termo de erro

β, b c, ... h são os parâmetros em que "a" é a constante/interceção e "b", "c" .... h" são os declives.

2.3.1 *Coeficiente de correlação*

Para além de atingir o objetivo do estudo, que era examinar a correlação entre o rendimento mensal médio do agregado familiar, o número de anos de experiência agrícola e a dimensão da terra. Isto dar-nos-ia uma visão da relação linear que existe entre as variáveis. Para analisar isto, utilizámos o coeficiente de correlação indicado pela fórmula abaixo:

$$r = \frac{\sum_{i=1}^{n}(Xi-X)(Yi-Y)}{\sqrt{\sum_{i=1}^{n}(Xi-X)^2}\ \sum_{i=1}^{n}(Yi-Y)^2} \quad (4)$$

Onde X e Y são valores do rendimento mensal médio do agregado familiar, do número de anos de experiência agrícola e da dimensão da terra.

É de salientar que os valores anómalos foram corrigidos antes de se efetuar a análise de regressão devido à pequena dimensão.

CAPÍTULO 3. DISCUSSÃO DOS RESULTADOS EMPÍRICOS

Esta secção do relatório consiste nos resultados e na discussão do inquérito realizado junto dos agricultores de diferentes regiões da Arménia. Estes resultados incluem as caraterísticas socioeconómicas dos agricultores, o tipo de práticas agrícolas, a fonte de crédito, os constrangimentos agrícolas e as sugestões para os resolver e, finalmente, a perspetiva do agronegócio.

3.1 Caraterísticas socioeconómicas dos inquiridos

Idade dos inquiridos: A Tabela 1 revelou que a idade mais jovem dos agricultores envolvidos em actividades agro-industriais na província é de 21 anos, enquanto a mais velha é de 65 anos. No entanto, a idade média dos agricultores é de 43 anos, o que implica que a maioria dos participantes no agronegócio estão na sua idade económica e são altamente produtivos.

Tamanho do agregado familiar: O maior tamanho de agregado familiar apresentado neste inquérito foi de 8, enquanto o mínimo é de 2. Em média, nas zonas rurais da província, o agregado familiar é constituído por 5 pessoas. Não é habitual nas zonas rurais ver os jovens a viverem separados dos seus pais e principalmente estão todos envolvidos em actividades agrícolas.

Rendimento médio mensal do agregado familiar: Os resultados do inquérito mostram que na província o rendimento médio mínimo do agregado familiar é de 95USD e o máximo é de 1100USD. Em média, os agricultores ganham 340UDS. Se compararmos e dividirmos estes números com o tamanho do agregado familiar correspondente, podemos ver que o dinheiro que as pessoas ganham é suficiente para satisfazer as necessidades mínimas. Por exemplo, dividindo o rendimento médio mensal do agregado familiar pelo tamanho médio do agregado familiar, teremos 65-69 USD por pessoa por mês, o que não é suficiente para assegurar o bem-estar da família. Em outubro de 2015, o Banco Mundial actualizou o limiar de pobreza internacional para 1,90 USD por dia. No passado, o limiar de pobreza internacional comum era de cerca de 1 USD por dia. Atualmente, o número de pessoas que vivem em situação de pobreza extrema deverá ser inferior a 10%, de acordo com as projecções do Banco Mundial publicadas em 2015 (Banco Mundial, 2015). O nosso inquérito mostra que, nas zonas rurais observadas, as pessoas estão acima do limiar de pobreza internacional, ganhando entre 2,1-2,3 USD por dia.

Média mensal das despesas alimentares e não alimentares: Nas zonas rurais arménias, quase todas as famílias têm os seus próprios pequenos quintais, onde cultivam diferentes legumes e frutos para consumo familiar. Além disso, muitas famílias conseguem criar uma ou duas vacas, porcos ou uma pequena quantidade de galinhas para assegurar produtos lácteos para a família. Este tipo de actividades ajuda as pessoas a pouparem do seu rendimento e a não gastarem muito na compra de alimentos nas lojas. Isto reflecte-se muito bem quando comparamos a despesa alimentar mensal máxima com a despesa não alimentar. Podemos ver a imagem na província onde o agregado familiar gasta mais em outros bens (635USD) do que em alimentos (425USD).

Número de anos de experiência agrícola: Os agregados familiares têm, em média, quase 18 anos de experiência agrícola e, no máximo, 48 anos. De acordo com o nosso inquérito, 2 anos é o período mínimo de experiência agrícola. A partir dos anos mínimos de experiência agrícola, podemos supor que há recém-chegados ao sector, o que é benéfico para a província e para o país como um todo.

Dimensão da área de terra: Como já referi no artigo, após a independência (1991), a Arménia iniciou a privatização de terras e, de acordo com o Serviço Nacional de Estatística, os agricultores receberam, em média, 1,4 ha de terra, dos quais 1,1 são aráveis (Avetisyan, 2010). Estes resultados foram publicados no início da década de 1990, mas se considerarmos o facto de que durante as últimas décadas foram implementados muitos projectos para a expansão da terra e que muitas terras reservadas pelo Estado foram utilizadas pelas comunidades, podemos assumir que a terra agrícola média também aumentou e que os nossos resultados estão muito próximos da média nacional. De acordo com o nosso inquérito, a área média de terra na província é de 1,8 ha, enquanto a máxima é de 30 ha, o que é um caso raro na agricultura arménia. Finalmente, a dimensão mínima da área de terra dos inquiridos é de 0,06 ha, o que não pode garantir aos agricultores actividades agrícolas adequadas.

Quadro 1: Caraterísticas socioeconómicas dos inquiridos

	Número de inquiridos	Mínimo	Máximo	Média
Idade dos inquiridos	46	21	65	42.76
Dimensão do agregado familiar	44	2	8	5.18
Rendimento mensal médio do agregado familiar (dólares americanos (USD))	41	95	1100	340
Despesa alimentar mensal média (USD)	42	18	425	165
Despesa média mensal não alimentar (USD)	42	10	635	110

Número de anos de experiência agrícola	45	2	48	17.82
Dimensão da superfície do terreno (ha)	45	0.06	30	1.8491

Fonte: Edição do autor, 2016

3.2 Tipos de práticas agrícolas

A figura 10 ilustra os tipos de práticas agrícolas na produção de culturas entre os agricultores inquiridos. O inquérito revelou mais uma vez que o cultivo de vegetais é a prática agrícola mais popular na Arménia. Quase todos os agricultores estão envolvidos no cultivo de vegetais na província e 62% deles dedicam-se exclusivamente ao cultivo de vegetais. A cultura de legumes e cereais é a que apresenta a percentagem mais baixa. De acordo com os resultados do inquérito, 24% dos agricultores cultivam frutas e legumes, o que constitui o segundo maior grupo de produção vegetal.

Figura 10: Tipos de práticas agrícolas na produção vegetal

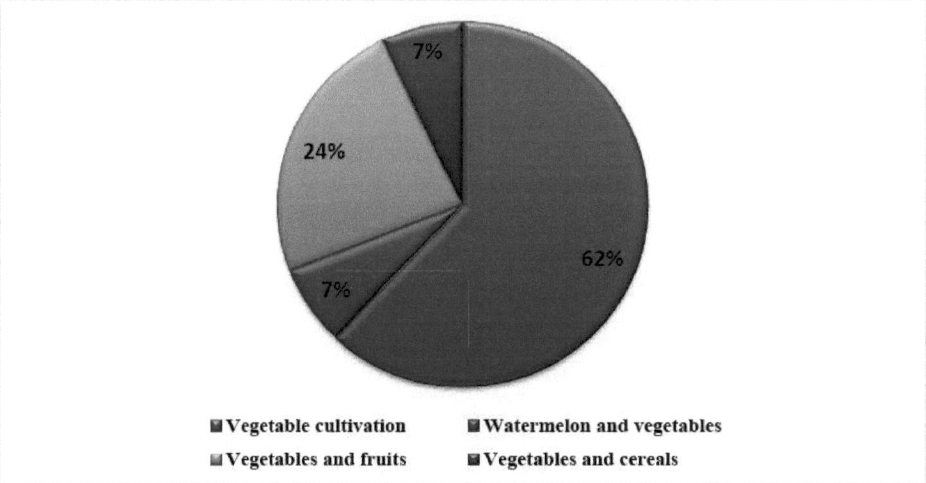

Fonte: Edição do autor, 2016

Como se pode ver na Figura 11, a criação de gado é muito popular na província. No nosso inquérito, os agricultores que têm apenas vacas nas suas explorações são 33%. Outros 33% dos agricultores têm vacas e porcos juntos, o que constitui o segundo maior grupo. É também habitual os agricultores criarem vacas, porcos e algum tipo de aves ao mesmo tempo. A criação conjunta de vacas e ovelhas não é uma prática comum na província.

Figura 11: Tipos de práticas agrícolas na criação de animais

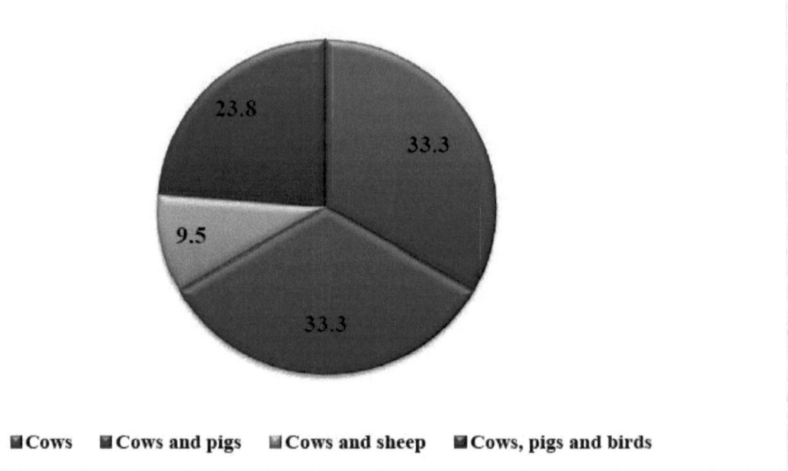

Fonte: Edição do autor, 2016

3.3 Facilidades de crédito e principais condicionalismos agrícolas

Para o desenvolvimento da agricultura, é muito importante conceder facilidades de crédito adequadas aos agricultores. A existência de um sistema de crédito flexível para os agricultores aumentará o nível de empreendedorismo na agricultura e pode garantir um futuro melhor para o agronegócio num determinado país. Após a conclusão do inquérito, tornou-se claro que na província e, em geral, na Arménia não existe um sistema de crédito adequado e flexível para os agricultores. De acordo com o nosso inquérito, a maioria dos inquiridos já pediu um empréstimo ao banco. O montante mínimo do empréstimo é de 212 USD e o máximo é de 20 000 USD. O montante médio do empréstimo contraído pelos agricultores é de 2250 USD. A agricultura arménia é considerada muito arriscada devido às catástrofes naturais e às condições meteorológicas inadequadas. Por este motivo, as companhias de seguros não estão a entrar no mercado agrícola. Com todas estas condições e com uma taxa de juro média de 16% sobre os empréstimos, não podemos presumir que os agricultores se arrisquem a iniciar qualquer negócio no sector ou a alargar as suas actividades. Além disso, alguns dos empréstimos contraídos pelos agricultores têm uma taxa de juro de 24%. O período médio de mutualidade dos empréstimos é de 22 meses, o que, na minha opinião, não é preferível para os agricultores.

Quadro 2: Origem das facilidades de crédito

	Número de inquiridos	Mínimo	Máximo	Média
Montante do empréstimo bancário contraído (USD)	28	212	20000	2250
Empréstimo Taxa de juro (%)	29	8	24	16.5379
Período de mutualidade do empréstimo bancário (meses)	29	12	60	22.7586

Fonte: Edição do autor, 2016

Na etapa seguinte do nosso inquérito, foi pedido aos agricultores que classificassem um determinado constrangimento como um obstáculo à realização das suas actividades agrícolas e que sugerissem várias soluções para o ultrapassar. A classificação dos constrangimentos foi efectuada por ordem decrescente de 1 a 5. Como se pode ver na Figura 12, todos os constrangimentos apresentados têm um nível médio de classificação muito elevado. Os resultados do inquérito mostram que a ausência de informação de mercado sustentável e de canais de mercado, serviços de extensão deficientes e terras agrícolas inadequadas são identificados como os principais constrangimentos para gerir o agronegócio ou qualquer outra atividade agrícola. Os constrangimentos acima mencionados têm, em média, uma classificação de 3,5 a 4. Os restantes constrangimentos têm um nível de classificação igual ou inferior a 3.

Figura 12: Classificação dos principais constrangimentos agrícolas pelos inquiridos

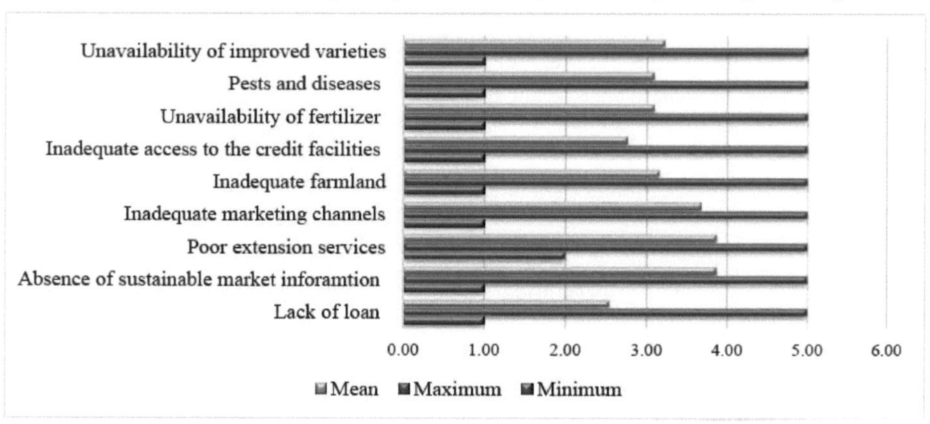

Fonte: Edição do autor, 2016

Como se pode ver no quadro 4, devido à ausência de um sistema de empréstimos flexível e à inadequação das facilidades de crédito, os agricultores sugeriram a redução do período de mutualidade e das taxas de juro dos empréstimos. Também foi sugerida a criação de empréstimos agrícolas especiais sem taxas de juro. Para ultrapassar os constrangimentos da inadequação das terras agrícolas, os agricultores insistiram que as cooperativas agrícolas e uma maior exploração das terras reservadas pelo Estado nas comunidades podem ser a solução adequada. Na agricultura, o fluxo de informação é urgentemente importante e, para receber informações sustentáveis sobre o mercado, os agricultores propuseram a criação de centros de informação centralizados e a organização de mais seminários sobre comercialização, bem como a prestação de informações sobre os mercados dos países vizinhos.

De acordo com os agricultores, um serviço de extensão deficiente pode ser resolvido se mais agricultores participarem nas actividades de extensão. Além disso, devem ser criadas agências novas e bem operacionais que possam fornecer informações fiáveis e realizar mais seminários em todas as zonas rurais. Atualmente, um dos principais problemas na Arménia é a inadequação dos canais de comercialização e dos mercados. Os agricultores sugeriram a criação de mais mercados para os seus produtos e a exclusão da presença de retalhistas. Para a indisponibilidade de fertilizantes e a falta de variedades de sementes melhoradas, os inquiridos encontram uma solução na receção de informações corretas e fiáveis ou em consultoria. Os preços dos fertilizantes e das variedades de sementes são também mais elevados para os agricultores e seria um grande passo se as facilidades comerciais flexíveis pudessem ser aplicadas também no mercado dos factores de produção.

Os agricultores também precisam de informações fiáveis e corretas fornecidas por especialistas para superar o fardo das pragas e doenças.

Quadro 3: Constrangimentos à agricultura de pequena escala e soluções sugeridas pelos agricultores

Restrição	**Solução**	**Restrição**	**Solução**
Falta de empréstimos e acesso inadequado às facilidades de crédito	• Diminuir o período de mutualidade • diminuir as taxas de juro dos empréstimos • Emissão de empréstimos agrícolas especiais	Pragas e doenças, indisponibilidade de variedades melhoradas e de fertilizantes	• Receber informações ou consultoria corretas e fiáveis • podem ser aplicadas facilidades comerciais flexíveis no mercado dos factores de produção
Ausência de	• Criar centros de	Canais de	- Criar mais mercados

informação sustentável sobre o mercado	informação centralizados • organizar mais seminários sobre a comercialização de produtos • fornecer informações sobre os mercados do país vizinho	comercialização inadequados	para os seus produtos e excluir os retalhistas
Serviços de extensão deficientes	• Maior participação dos agricultores nas actividades de extensão. • Criação de agências de exploração de poços • Realizar mais seminários em todas as zonas rurais.	Terras agrícolas inadequadas	• Criação de cooperativas agrícolas • Exploração das terras reservadas do Estado nas comunidades

Fonte: Edição do autor, 2016

3.4 Matriz de correlação entre o rendimento médio mensal do agregado familiar, o número de anos de experiência agrícola e a dimensão da terra

Utilizando os dados disponíveis do inquérito, quisemos fazer uma correlação entre 3 variáveis de escala. Desde o primeiro sinal, as variáveis escolhidas (rendimento médio mensal do agregado familiar, número de anos de experiência agrícola e dimensão da terra) deveriam ter uma dependência lógica entre si e, antes de efetuar a correlação, tínhamos os seguintes pressupostos:

- Mais anos de experiência agrícola, maior rendimento médio mensal
- Quanto maior for o tamanho do terreno, melhor será o rendimento médio mensal.

O Quadro 3 ilustra a imagem oposta dos nossos pressupostos, mostrando uma relação negativa (-224) entre o rendimento médio mensal do agregado familiar e o número de anos de experiência agrícola. Para além disso, as variáveis não são estatisticamente significativas porque o valor de *p* é superior a 0,05 (a significância estatística só existe se o valor de *p* for inferior a 0,05). Resumindo os resultados, podemos afirmar que encarar a agricultura como uma perspetiva de longo prazo para a família não é uma decisão benéfica para os agricultores. Além disso, não existe uma relação forte entre a dimensão da terra e o rendimento médio mensal do agregado familiar. Embora, neste caso, possamos ver uma relação positiva ao nível de 0,105, mas podemos afirmar que as duas variáveis estão demasiado longe para ter significância estatística, *porque* o valor de p é igual a 0,515. O quadro também mostra que na província há muito poucas hipóteses de os agricultores poderem gastar as suas terras se tiverem mais anos de atividade agrícola. Existe uma correlação negativa entre o número de anos de experiência agrícola e o tamanho da terra com uma significância estatística muito baixa.

Quadro 4: Matriz de correlações entre três variáveis

		Rendimento mensal médio do agregado familiar	Número de anos de experiência agrícola	Dimensão do terreno
Rendimento mensal médio do agregado familiar	Correlação de Pearson	1	-.224	.105
	Sig. (bicaudal)		.159	.515
Número de anos de experiência agrícola	Correlação de Pearson	-.224	1	-.088
	Sig. (bicaudal)	.159		.586
Dimensão do terreno	Correlação de Pearson	.105	-.088	1
	Sig. (bicaudal)	.515	.586	

a. Listagem N=41

Fonte: Edição do autor, 2016

3.5 Análise de Regressão factores socioeconómicos que influenciam a produtividade das explorações agrícolas

Para a análise de regressão, a forma funcional linear deu o melhor ajuste e foi escolhida como a melhor forma funcional que explica a relação causal entre o indicador de produtividade agrícola (índice de produtividade total) e as caraterísticas socioeconómicas, que incluem idade, sexo, estado civil, anos de experiência agrícola, nível de educação, dimensão do agregado familiar, rendimento mensal, acesso a formação agrícola, dimensão da terra e acesso a facilidades de crédito. Com base na consideração de critérios estatísticos e económicos, os resultados são apresentados a seguir: o valor R-quadrado é 0,675, mostrando que 67,50% da variação na variável dependente foi explicada pelas variáveis explicativas. Além disso, a estatística F é significativa a 1%, o que implica que as variáveis explicativas afectam conjuntamente a variável dependente de forma significativa. Isto significa que o modelo se ajusta bem à relação entre as variáveis.

A idade dos agricultores, os anos de experiência agrícola, o nível de educação, a dimensão do agregado familiar, o acesso a formação agrícola formal e o acesso a facilidades de crédito foram considerados factores socioeconómicos estatisticamente significativos que afectam a produtividade agrícola na área de estudo.

A idade dos agricultores foi considerada significativa a 5 por cento, com uma relação negativa com a produtividade dos agricultores. Esta estimativa mostrou que um aumento unitário na idade dos agricultores diminui a produtividade dos agricultores em 1,19 unidades. Isto pode ser explicado pelo facto de que, à medida que os agricultores envelhecem, perdem o vigor para produzir, o que torna necessário motivar os jovens a participar ativamente na agricultura.

A dimensão do agregado familiar foi considerada significativa a 1 por cento e positiva. O coeficiente da dimensão do agregado familiar é de 0,123, o que revela que um aumento de uma unidade na dimensão dos agregados familiares agrícolas conduz a um aumento de 1,23 unidades na produtividade. Os agregados familiares de grandes dimensões são uma boa fonte de mão de obra familiar, o que tende a aumentar a produtividade.

Os anos de experiência agrícola tendem a ser um instrumento fundamental para atingir as metas e os objectivos de uma empresa agroindustrial. A experiência agrícola foi considerada significativa e teve uma relação positiva com um coeficiente de 2,541. Assim, um aumento de uma unidade na experiência dos agricultores conduz a um aumento de 2,541 unidades na produtividade. Quanto maior for o envolvimento dos agricultores nas actividades agrícolas, maior será o aumento da produtividade. Com o passar do tempo, os agricultores tendem a compreender melhor as práticas agrícolas.

O nível de instrução foi considerado significativo e teve um impacto positivo na produtividade dos agricultores, como esperado. O nível de instrução é uma variável fictícia, pelo que o seu coeficiente é explicado da seguinte forma: Um maior número de agricultores que atingiram o ensino superior terá uma produtividade mais elevada do que os seus homólogos que têm um nível inferior de formação académica. A educação desempenha um papel importante nas actividades de gestão adequada das explorações agrícolas, o que resulta numa melhoria do nível de produtividade das explorações.

O acesso à formação agrícola foi considerado significativo e teve um impacto positivo na produtividade dos agricultores. Esta estimativa revelou que os agricultores que têm acesso à formação agrícola terão uma produtividade mais elevada do que os seus homólogos que não têm acesso à formação agrícola. Durante as formações agrícolas formais e informais, workshops e seminários, os agricultores interagem com os agentes de extensão que introduzem novas tecnologias agrícolas e práticas agrícolas e a adoção destas novas práticas tem maior probabilidade de melhorar a produtividade das explorações.

O acesso a facilidades de crédito foi considerado significativo e teve um impacto negativo na produtividade dos agricultores. Esta estimativa revelou que os agricultores que têm acesso a facilidades de crédito podem ter uma produtividade mais baixa. Este resultado contrasta com o resultado esperado, uma vez que se espera que o acesso ao crédito melhore a produtividade. No entanto, este resultado pode ser atribuído ao desvio de fundos para diferentes actividades produtivas, em vez de os utilizar na produção agrícola.

Quadro 5: Análise de regressão dos factores socioeconómicos que influenciam a produtividade das explorações

Variáveis	Coeficiente	Estatísticas t
Idade dos agricultores	-1.190**	-2.491
Estado civil	-0.598	-0.578
Dimensão do agregado familiar	0.123***	1.795
Dimensão da exploração	68.250	0.494
Anos de experiência agrícola	2.541***	1.921
Estatuto académico	0.344**	2.152
Despesas mensais	-0.001	-0.156
Acesso à formação agrícola	2.529*	5.671
Acesso a facilidades de crédito	-4.021**	2.237
Constante	23.45	3.624
R^2 = 0,6709 *R ajustado^2 = 0,675* *Estatística F = 141,232* *Prob. da estatística F = 0,000*		

* Significativo ao nível de 1 por cento

** = Estatisticamente significativo ao nível de 5 por cento

*** = Estatisticamente significativo ao nível de 10 por cento

Fonte: Edição do autor, 2016

3.6 Perspectivas da agroindústria na Arménia

Na última fase do nosso inquérito, colocámos uma série de questões aos inquiridos utilizando uma escala de Likert. Cada resposta tinha os seus próprios valores para a resposta correspondente (discordo totalmente=0, discordo=1, concordo parcialmente=2, concordo=3 e concordo totalmente=4). Como o número de perguntas era elevado, decidimos analisar os resultados através da estimativa das médias das respostas. Quanto mais próxima de 1 for a média, significa que os agricultores discordam fortemente da perspetiva e do conteúdo da pergunta. De acordo com a Figura 13, a maioria das respostas está abaixo do nível médio geral. A Figura 13 mostra que quase todos os inquiridos não estão ligados ou não pertencem a qualquer agência ou rede agroindustrial que os possa ajudar nas suas actividades. Além disso, os agricultores discordam fortemente da fiabilidade da informação que recebem dos serviços de extensão. Quase todos os agricultores discordam fortemente que as actividades agrícolas têm um futuro melhor e podem trazer bem-estar para a comunidade. Os inquiridos não concordam que as decisões tomadas pelas autoridades locais os possam afetar positivamente e apoiá-los no futuro.

Além disso, os agricultores discordam da afirmação de que nos próximos 5-10 anos as suas empresas ou actividades agrícolas estarão em boa situação. Em contraste com isto, os mesmos agricultores acreditam parcialmente que os negócios e actividades agrícolas apoiados por outros agricultores nas suas comunidades estarão em melhor situação nos próximos 5-10 anos. Felizmente, os inquiridos concordam parcialmente que os agricultores se preocupam com a proteção do ambiente, do solo e da qualidade da água. Por último, a maioria dos inquiridos reage positivamente ao facto de haver nas suas comunidades um número suficiente de novos agricultores principiantes e de agricultores de substituição a entrar na agricultura

Figura 13: Perspectivas do agronegócio na Arménia

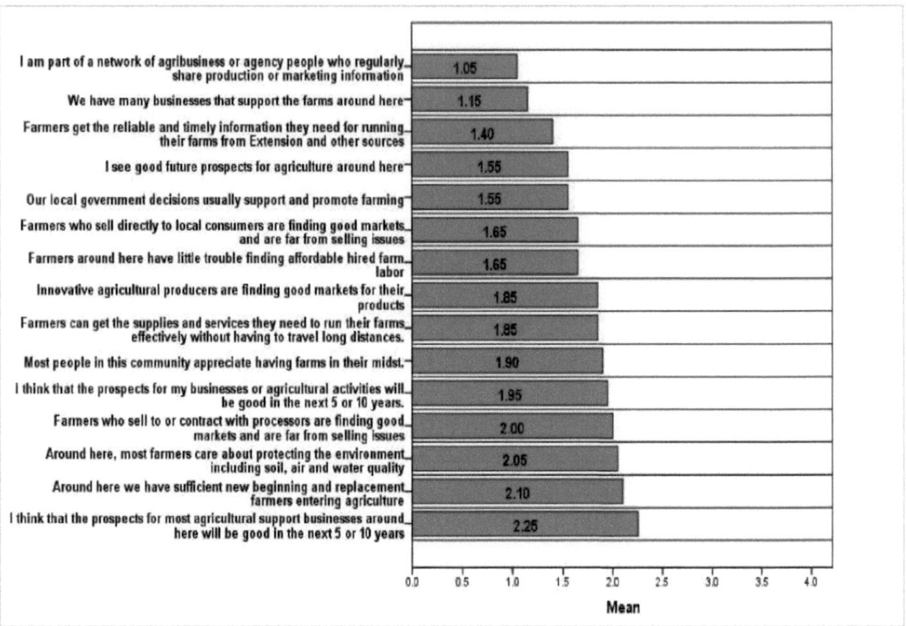

Fonte: Edição do autor, 2016

CAPÍTULO 4. CONCLUSÕES E RECOMENDAÇÕES

A agricultura tem uma importância estratégica na Arménia. O papel da agroindústria e da indústria agro-transformadora não pode ser subestimado na realidade atual da Arménia. Historicamente, a indústria agro-processadora foi um dos maiores contribuintes para o PIB agrícola e também para o país. O sector sempre proporcionou uma enorme quantidade de postos de trabalho, assegurando um elevado nível de emprego nas zonas rurais do país. Os alimentos e bebidas transformados arménios tinham um lugar e um papel únicos no mercado soviético. Ainda hoje têm a mesma fama e lugar nos mercados da CEI e da Europa.

Após o processo de privatização, as comunidades perderam a sua eficiência na produção agrícola, devido à fragmentação das terras. Até hoje, os agricultores não conseguem aumentar a sua produtividade devido à pequena dimensão das parcelas por agregado familiar. Atualmente, só as grandes empresas conseguem exportar os seus produtos de valor acrescentado para os mercados externos e, ao mesmo tempo, têm uma forte influência no mercado interno. No entanto, é muito apreciado o facto de a agricultura arménia já ter atingido um nível de autossuficiência em muitas culturas, legumes, frutas e também produtos de valor acrescentado (verduras, batatas, damascos, uvas, bebidas, etc.). Muitos destes produtos têm também um elevado nível de exportação. Por outro lado, o Estado está a tentar aumentar a autossuficiência em todos os tipos de produtos agrícolas e proporcionar um elevado nível de segurança alimentar, tal como foi declarado como uma grande prioridade na estratégia de desenvolvimento agrícola e rural. Por outro lado, as autoridades estatais estão a tentar introduzir mais projectos e programas nas áreas rurais com diferentes grupos-alvo e objectivos. Há já duas décadas que o GoA coopera com organizações internacionais para aumentar a produtividade dos agricultores nas zonas rurais. No entanto, o sector ainda tem uma variedade de constrangimentos que são um fardo para os agricultores alargarem as suas actividades.

Em primeiro lugar, o mercado dos factores de produção é muito dispendioso para os agricultores e estes não podem utilizar fertilizantes e sementes de alta qualidade para garantir uma melhor qualidade dos produtos. Além disso, o sector está sujeito a riscos muito elevados em caso de catástrofes naturais e não dispõe de serviços de apoio à agricultura. Os bancos não concedem empréstimos agrícolas adequados e as companhias de seguros não operam no sector. Não existe uma cooperação especial entre o Estado e o sector privado para o lançamento de programas de empréstimos agrícolas que possam assegurar uma elevada flexibilidade dos empréstimos. Além disso, não existe nenhum programa ou incentivo estatal que atraia e apoie os jovens e aumente o nível de empreendedorismo.

Já há uma década que os agricultores trabalham sem a devida ajuda e consultoria das agências de extensão e nem sequer dispõem de canais de comercialização adequados para vender os seus produtos. A informação deveria fluir principalmente das agências de extensão regionais, que não dispõem de instalações suficientes para prestar serviços de forma adequada e atempada. Além disso, o sector está cheio de retalhistas, o que afecta diretamente o rendimento dos agricultores.

Entre os factores socioeconómicos considerados no estudo, a idade dos agricultores, a dimensão do agregado familiar, os anos de experiência agrícola, o nível de escolaridade, o acesso à formação agrícola e o acesso a facilidades de crédito foram factores significativos que influenciam a produtividade agrícola e a utilização de recursos na RA, o que implica que, para melhorar a estrutura e o desempenho dos pequenos agricultores e a sua competitividade entre os seus concorrentes na cadeia de valor agrícola, são fundamentais políticas destinadas a melhorar estes factores socioeconómicos. Por outro lado, o estado civil, a dimensão da exploração e a despesa mensal foram identificados como variáveis socioeconómicas não significativas que influenciam a produtividade agrícola. No entanto, estes factores não devem ser descartados, mas também considerados no processo de elaboração de políticas agrícolas dirigidas aos pequenos agricultores. Além disso, foi identificado que não há relação entre os anos de cultivo e o aumento do rendimento do agregado familiar. Também não existe uma correlação positiva entre o tamanho da terra e os anos de cultivo, o que indica um sector agrícola com falta de oportunidades.

As recomendações baseiam-se nas conclusões do estudo em resposta aos problemas que os agricultores enfrentam na agricultura e na cadeia agroindustrial na Arménia. Com base nas conclusões, fiz as seguintes recomendações:

- Foi fortemente sugerido ao Estado e, em especial, ao Ministério da Agricultura que adoptassem abordagens mais sérias e diferentes para os actuais problemas da agricultura. Alguns dos agricultores consideram que o sector se encontra numa situação crítica e que devem ser aplicados novos métodos de gestão e projectos para incentivar as pessoas a iniciar a agricultura.

- São necessários mais subsídios estatais e mais atenção para ajudar os agricultores a enfrentar as catástrofes naturais

- Reduzir as taxas de juro dos empréstimos e conceder empréstimos agrícolas especiais.

- Observar e controlar os preços do mercado dos factores de produção agrícola e dos retalhistas envolvidos na cadeia de abastecimento.

- Apoiar programas de reforço das capacidades das mulheres e dos jovens agricultores

- Aumentar o número de mercados, tanto nas zonas rurais como nas zonas urbanas.
- Sugere-se também que o Estado introduza um sistema de quotas na agricultura, porque encontrar um mercado para vender os seus produtos é um grande problema para os agricultores.
- Os organismos de apoio devem fornecer atempadamente aos agricultores informações sobre as oportunidades de exportação e os preços de mercado, tanto a nível nacional como regional.
- Recomenda-se a criação de parques regionais para máquinas agrícolas e instalações de armazenamento durante o período de colheita, com preços de aluguer acessíveis.
- Proporcionar facilidades de seguro e organizar mais seminários, acções de formação e eventos para os agricultores e assegurar o seu elevado nível de envolvimento e participação. Além disso, garantir o acesso gratuito à educação nas zonas rurais.
- O investimento de novas tecnologias na agricultura e a criação de mais empresas de transformação devem ser estabelecidos na atual fase de desenvolvimento agrícola na Arménia

CAPÍTULO 5. RESUMO

A tese é sobre a Arménia, que é um país montanhoso e sem litoral no Sul do Cáucaso, e sobre o seu sector agroindustrial, especialmente na região de Vayoc Dzor, onde a investigação foi realizada. A província de Vayoc Dzor, que foi a área de estudo, está localizada no sudeste da República da Arménia (RA) e tem 51 000 habitantes. Fica a 175 km da capital Yerevan e tem uma área de 2308 Km^2 . A província é constituída por 44 comunidades: 3 zonas urbanas e 41 zonas rurais. 12 comunidades estão localizadas dentro da fronteira nacional, 7 estão em zonas de alta montanha e 13 em zonas montanhosas. Cerca de 65% da população vive em zonas rurais e está profundamente especializada na agricultura. A economia da província é uma das mais fracas do país (NSS 2015). A contribuição do sector industrial é demasiado baixa e o PIB da região provém principalmente das actividades agrícolas. O sector industrial é representado apenas pelas empresas de processamento de alimentos que se especializam principalmente na produção de bebidas alcoólicas, como o vinho, o conhaque e a vodka.

Os principais objectivos da investigação foram descobrir os principais constrangimentos dos agricultores no que diz respeito às actividades agro-industriais, analisar as opiniões dos agricultores relativamente às suas actividades futuras e possíveis soluções para os seus problemas. Além disso, tentei analisar quais as caraterísticas socioeconómicas que têm um impacto elevado na produção e fazer análises de correlação entre algumas variáveis para provar ou rejeitar várias hipóteses que tinha antes do inquérito.

Os dados que utilizei no estudo provêm basicamente de fontes primárias e secundárias, principalmente do boletim estatístico do Serviço de Estatística da Arménia, do Serviço Estatal de Segurança Alimentar, do Centro Republicano de Apoio à Agricultura e do Relatório Anual do Ministério da Agricultura. Os anos selecionados para os estudos foram escolhidos devido à disponibilidade de dados. Os dados primários foram recolhidos através de um questionário estruturado distribuído aos inquiridos. Foi utilizada uma amostragem aleatória para recolher os dados. Foi distribuída uma amostra total de 46 questionários para recolher informações sobre a socioeconomia dos agricultores, os tipos de produção agrícola, as fontes de crédito, os constrangimentos enfrentados e as perspectivas da agroindústria.

Foram utilizadas estatísticas descritivas, tais como ilustrações gráficas, percentagens, frequências e gráficos de pizza para descrever as caraterísticas socioeconómicas e a estrutura e perfil da agricultura na região. Utilizei narrativas e medidas de tendência central (como o mínimo, o máximo e a média) para analisar os dados recolhidos. Além disso, foi utilizada uma análise de correlação para analisar a relação entre o rendimento mensal do agregado familiar, o número de anos de experiência agrícola e o tamanho da terra, e uma análise de regressão para analisar a influência dos factores socioeconómicos na produtividade das explorações agrícolas.

O inquérito revelou mais uma vez que o cultivo de legumes é a prática agrícola mais popular na Arménia. Quase todos os agricultores da província estão envolvidos no cultivo de vegetais e 62% deles dedicam-se exclusivamente ao cultivo de vegetais. No nosso inquérito, os agricultores que têm apenas vacas nas suas explorações são 33%. Outros 33% dos agricultores têm vacas e porcos em conjunto, o que constitui o segundo maior grupo. De acordo com o nosso inquérito, a maioria dos inquiridos já pediu um empréstimo ao banco. O montante mínimo do empréstimo é de 212USD e o máximo é de 20.000USD. O montante médio do empréstimo contraído pelos agricultores é de 2250 USD. A agricultura arménia é considerada muito arriscada devido às catástrofes naturais e às condições meteorológicas imprevisíveis. Por este motivo, as companhias de seguros não estão a entrar no mercado agrícola. Além disso, alguns dos empréstimos contraídos pelos agricultores têm uma taxa de juro de 24%. Além disso, os resultados do inquérito mostram que a ausência de informação sustentável sobre o mercado e de canais de mercado, a falta de serviços de extensão e a inadequação das terras agrícolas são identificados como os principais constrangimentos à gestão do agronegócio ou de qualquer outra atividade agrícola. Os resultados do inquérito revelaram uma relação negativa entre o rendimento médio mensal do agregado familiar e o número de anos de experiência agrícola. Além disso, não existe uma relação forte entre o tamanho da terra e o rendimento médio mensal do agregado familiar. Além disso, os resultados mostram que na província há muito poucas hipóteses de os agricultores poderem gastar as suas terras no caso de terem mais anos de atividade agrícola.

De acordo com as análises de regressão realizadas entre as caraterísticas socioeconómicas para descobrir o impacto na produtividade dos agricultores, a idade dos agricultores foi considerada significativa a 5%, com uma relação negativa com a produtividade dos agricultores. A dimensão do agregado familiar foi considerada significativa a 1%. Os anos de experiência agrícola tendem a ser um instrumento fundamental para atingir as metas e os objectivos de uma empresa agroindustrial. O nível de instrução foi considerado significativo e teve um impacto positivo na produtividade dos agricultores, como esperado. O nível de instrução é uma variável dummy, pelo que o seu coeficiente é explicado da seguinte forma: Um maior número de agricultores que atingiram o ensino superior terá uma produtividade mais elevada do que os seus homólogos que têm um nível inferior de formação académica. A educação desempenha um papel importante nas actividades de gestão adequada das explorações agrícolas, o que resulta numa melhoria do nível de produtividade das explorações.

O acesso à formação agrícola foi considerado significativo e teve um impacto positivo na produtividade dos agricultores. Esta estimativa revelou que os agricultores que têm acesso à formação agrícola terão uma produtividade mais elevada do que os seus homólogos que não têm acesso à formação agrícola. Durante as formações agrícolas formais e informais, workshops e seminários, os agricultores interagem com agentes de extensão que introduzem novas tecnologias agrícolas e práticas agrícolas e a adoção destas novas práticas tem maior probabilidade de melhorar a produtividade das explorações. O acesso a facilidades de crédito foi considerado significativo e teve um impacto negativo na produtividade dos agricultores. Esta estimativa revelou que os agricultores que têm acesso a facilidades de crédito podem ter uma produtividade mais baixa. Este resultado contrasta com o resultado esperado, uma vez que se espera que o acesso ao crédito melhore a produtividade. No entanto, este resultado pode ser atribuído ao desvio de fundos para diferentes actividades produtivas, em vez de os utilizar na produção agrícola.

Na fase seguinte do meu inquérito, tentei perceber a perspetiva do agronegócio e do envolvimento dos agricultores no mesmo. O inquérito revelou que quase todos os inquiridos não estão ligados ou não pertencem a qualquer agência ou rede de empresas agrícolas que os possa ajudar nas suas actividades. Além disso, os agricultores discordam fortemente da fiabilidade da informação que recebem dos serviços de extensão. Quase todos os agricultores discordam fortemente que as actividades agrícolas têm um futuro melhor e podem trazer bem-estar para a comunidade. Os inquiridos não concordam que as decisões tomadas pelas autoridades locais os possam afetar positivamente e apoiá-los no futuro. Além disso, os agricultores discordam da afirmação de que nos próximos 5-10 anos as suas actividades comerciais ou agrícolas estarão numa boa situação. Em contrapartida, os mesmos agricultores acreditam parcialmente que os negócios e actividades agrícolas apoiados por outros agricultores nas suas comunidades estarão em melhor situação nos próximos 5-10 anos. Felizmente, os inquiridos concordam parcialmente que os agricultores se preocupam com a proteção do ambiente, do solo e da qualidade da água. Por último, a maioria dos inquiridos reage positivamente ao facto de haver nas suas comunidades um número suficiente de novos agricultores principiantes e de agricultores de substituição a entrar na agricultura.

A agricultura tem uma importância estratégica na Arménia. O papel da agroindústria e da indústria agro-processadora não pode ser subestimado na realidade atual da Arménia. Infelizmente, o sector ainda tem uma variedade de restrições que são um fardo para os agricultores alargarem as suas actividades.

As recomendações baseiam-se nas conclusões do estudo em resposta aos problemas que os agricultores enfrentam na agricultura e na cadeia agroindustrial na Arménia. Em primeiro lugar, foi sugerido ao Estado e, em especial, ao Ministério da Agricultura que adoptassem abordagens mais sérias e diferentes para os actuais problemas da agricultura. Alguns dos agricultores consideram que o sector se encontra numa situação crítica e que devem ser aplicados novos métodos de gestão e projectos para incentivar as pessoas a iniciar a agricultura. São necessários mais subsídios estatais e mais atenção para ajudar os agricultores a enfrentar as catástrofes naturais. É também altamente recomendável reduzir as taxas de juro dos empréstimos e emitir empréstimos agrícolas especiais. Em segundo lugar, seria preferível que o Estado pudesse observar e controlar os preços do mercado dos factores de produção agrícola e dos retalhistas envolvidos na cadeia de abastecimento. O número de mercados deve ser aumentado, tanto nas zonas rurais como nas zonas urbanas. Sugere-se também que o Estado introduza um sistema de quotas na agricultura, porque encontrar um mercado para vender os seus produtos é um grande problema para os agricultores.

Além disso, os organismos de apoio devem fornecer atempadamente aos agricultores informações sobre as oportunidades de exportação e os preços de mercado, tanto a nível nacional como regional. Além disso, os agricultores precisam de máquinas agrícolas e de instalações de armazenamento. É por isso que se recomenda a criação de parques regionais para máquinas agrícolas e instalações de armazenamento durante o período de colheita, com preços de aluguer acessíveis. Em terceiro lugar, recomenda-se a disponibilização de facilidades de seguro e a organização de mais seminários, acções de formação e eventos para os agricultores, assegurando o seu elevado nível de envolvimento e participação. Por último, na atual fase de desenvolvimento da agricultura na Arménia, é necessário investir em novas tecnologias na agricultura e criar mais empresas de transformação.

BIBLIOGRAFIA

1. Unidade de Implementação do Projeto Agrícola-APIU (2013): Relatório sobre o Projeto de Apoio à Reforma Agrícola. Disponível em: http://www.arspiu.com/Agriculture- Reform-Support-Pro.30.0html?&L=0

2. Anyanwu J. C. et al (1987). The Structure of the Nigerian Economy, (1960 - 1997). Onisha Nigéria. Joanee Educational Pub. Ltd.

3. Sistema Arménio de Informação Jurídica (ARLIS). (2010). Estratégia 2010-2020 de desenvolvimento sustentável das zonas rurais e da agricultura: Ato do Governo da Arménia. Disponível em: http://www.arlis.am/DocumentView.aspx?DocID=63109

4. Asep Darmansyah, Siti Herni Rochana, Acip Sutardi e Umi Zuraida. (2014). Os novos centros de crescimento e estratégia para construir e acelerar o desenvolvimento do agronegócio em Cirebon Regency, Indonésia. Conferência Internacional da Indonésia sobre Inovação, Empreendedorismo e Pequenas Empresas. Procedia - Ciências Sociais e Comportamentais 115, 296 - 304

5. Relatório da Avenue Consulting (2014). Agriculture in Armenia Snapshot. Disponível em: http://www.avenueconsulting.am/resources/avenue//uploads/pdf/aafab24852e 8b106fd66818c0349bf8e.pdf

6. Avetisyan, S. (2010). Agriculture and Food Processing in Armenia. Limush Publishing House, Yerevan, 138 p.

7. Boehlje, M & Doering, , (2000). Política agrícola numa agricultura industrializada. Journal of Agribusiness (Edição Especial), 18(1): 53-60, março.

8. Christy, R., Mabaya, E., Wilson, N., Mutambatsere, E. & Mhlanga, N. 2009. Ambientes propícios para agro-indústrias competitivas. Em C. Da Silva, D. Baker, A.W. Shepherd, C. Jenane e S. Miranda da Cruz. Agro-indústrias para o desenvolvimento, pp. 136-185. Wallingford, Reino Unido, CABI, com a FAO e a ONUDI. Disponível em: www.fao.org/docrep/013/i0157e/i0157e00.pdf

9. CIA The World Factbook (2015). Disponível em: https: //www.cia.gov/library/publications/the-world-factbook/ geos/am.html

10. David D. Van Fleet, Ella W. Van Fleet, George J. Seperich. (2014). Princípios do agronegócio, Delmar Cengage Learning,

11. Organização das Nações Unidas para a Alimentação e a Agricultura (FAO). (2007). Comité de Agricultura, Vigésima Sessão, 25-28 de abril, Roma. Desafios do desenvolvimento do agronegócio e das agroindústrias. Item 5 da Agenda Provisória. ltp://ltp .fao.org/do crep/fao/meeting/011/j9176e.pdf

12. Organização das Nações Unidas para a Alimentação e a Agricultura (FAO). (2012). Avaliação dos sectores da agricultura e do desenvolvimento rural nos países da Parceria Oriental. Escritório regional da Ásia Central e Europa, Budapeste. Disponível em: http://www.fao.org/docrep/field/009/aq676e/aq676e.pdf

13. Organização das Nações Unidas para a Alimentação e a Agricultura (FAO). (2016). Desenvolvimento do agronegócio. A importância do agronegócio. Disponível em: www.fao.org/ag/ags/agribusiness-development/en/

14. Gabor K, Carlos A. da Silva, Nomathemba M. (2013) Enabling Environments for Agribusiness and Agro-industries development: Regional and country perspectives Food and Agriculture Organization of United Nations, Rome.

15. Glenn A. Welsch, Ronald W. Hilton e Paul N. Gordon. (2007) Budgeting: Profit Planning and Control, 6ª edição, Collingwood, Victoria: Landlinks Press.

16. Governo da Arménia (GoA), 2010. "Programa de Estratégia Sustentável para o Desenvolvimento Agrícola e Rural 2010-2020".

1 7.Corporação Financeira Internacional (IFC). (2014). Histórias de impacto. Agronegócio: oportunidades abundam no Sul da Ásia. Índia, 6-7.

18. Janette M. (1990). O instinto IS da Benetton. "Fashionable Tech: How Benetton Keeps Down", *Information Week,* 12 de fevereiro.

19. Johann K. e Kurt S. (2002) Documento de trabalho: agribusiness and small-scale farmers in developing countries: Haverá um novo papel para a agricultura sob contrato? Universidade de Pretória, África do Sul.

20. John M. (2013). Agricultura e cooperação rural: exemplos da Arménia, Geórgia e Moldávia. Gabinete Regional da FAO para a Europa e Ásia Central Estudos de Política sobre a Transição Rural n.º 2013-2

21. Konig, G. (2009). O impacto do investimento e da concentração entre fornecedores e retalhistas de produtos alimentares. Sessão 2.2 - Promover o investimento internacional responsável na agricultura. Documento da conferência da OCDE. Disponível em: http://www.oecd.org/dataoecd/30/40/44231819.pdf

22. Linda A., e Tim G. (2004). The Development of Armenian Agribusiness through Transfers of Skills and Technology. Documento de trabalho n.º 04/09, Grupo de Investigação Internacional da Arménia

23. Mihalache-O'Keef, A., e Li, Q. (2011). Modernização vs. dependência revisitada: Effects of foreign direct investment on foodecurity in less developed countries. International Studies Quarterly, pp. 71-93. Available at: onlinelibrary.wiley.com/doi/10.1111/j.14682478.2010.00636.x/pdf

24. Ministério da Agricultura (MoA), (2002). Uma Estratégia para o Desenvolvimento Agrícola Sustentável. Preparado com o apoio da Organização das Nações Unidas para a Alimentação e a Agricultura no âmbito do TCP/ARM/0065.

25. Ministério da Agricultura (MoA), (2004) (atualizado em 2006). Uma Estratégia para o Desenvolvimento Agrícola Sustentável. Consistente com o programa do Governo sobre o "Documento de Estratégia para a Redução da Pobreza".

26. Ministério da Agricultura (MoA). (2015). Relatório sobre a indústria de Agro-Processamento. Disponível em: http://www.minagro.am/en/agriculture-in-armenia/agro-processing/

27. Ministério da Administração Territorial (MTA). (2015) Programa de desenvolvimento socioeconómico da província de Vayoc Dzor. Disponível em, http://www.mta.gov.am/hy/qaramya/, referido em 20/12/2015

28. Ministério da Administração do Território (MTA). (2015). Relatório sobre o plano de desenvolvimento socioeconómico da província de Vayoc Dzor. Disponível em: http://www.mta.gov.am/hy/qaramya/

29. Serviço Nacional de Estatística (SEN) da Arménia-ARMSTAT (2001-2015). Anuário Estatístico da Arménia. Disponível em: www.armstat.am

30. Navasardyan H. (2000). Agribusiness in Armenia. International Association of Association of Agricultural Information Specialists, IAALD News in Central and Eastern Europe. Disponível em: http://www.cnshb.ru/aw/iaald_news _cee/4_2000art5.htm

31. Pawa T. (2013). O agronegócio como uma verdadeira ferramenta para o desenvolvimento rural na Nigéria. Revista Mediterrânica de Ciências Sociais, Vol 4 No 8, Roma, Itália.

3 2.Stanton, Jv, 2000. O papel do desenvolvimento do agronegócio: substituindo o papel reduzido do governo no aumento da renda rural. Journal of Agribusiness, 18(2): 173-87.

33. Organização das Nações Unidas para o Desenvolvimento Industrial (ONUDI). (2013). Desenvolvimento do Agronegócio: transformando a vida rural para criar riqueza. Disponível em: http ://www.unido .org/fileadmin/user media upgrade/What we do/Topics/Ag ribusiness and rural/UNIDO Agribusiness development.pdf

34. Urutyan V e Christian T. (2011). Avaliação da sustentabilidade a nível das explorações agrícolas utilizando a ferramenta RISE: Results from Armenia. Documento preparado para apresentação no Congresso EAAE2011, Zurique, Suíça

35. Urutyan V. e Vardanyan N. (2012). Farmers Markets in Armenia: Lessons Learnt.

Documento preparado para apresentação no 22º Simpósio Mundial Anual da IAMA "The Road to 2050: The China Fator" Xangai, China

36. Banco Mundial e Banco Internacional para a Reconstrução e o Desenvolvimento Sociedade Financeira Internacional. (2014). Doing Business in Agriculture, Nota concetual. Disponível em: http://www.urgewald.org/sites/default/files/galerie/bilder/doing business in a griculture concept noteWorld bank.pdf

37. Banco Mundial (2008). Relatório sobre o desenvolvimento mundial 2008: Agricultura para o desenvolvimento. Washington, DC: Banco Mundial.

38. Banco Mundial. (2004). Relatório sobre o Desenvolvimento Mundial 2005. Um melhor clima de investimento para todos. Washington, DC. Disponível em: http://siteresources.worldbank. org/intwdr 2005/resources/complete report. pdf

39. Banco Mundial. (2015). "Banco Mundial prevê que a pobreza global cairá abaixo de 10% pela primeira vez; grandes obstáculos permanecem no objetivo de acabar com a pobreza até 2030".

APÊNDICES

Apêndice 50

Volumes de Produção no Período 2010-2014 derivados da RA dos Produtos Agrícolas

	2010	2011	2012	2013	2014
Carne incluindo a transformação de explorações agrícolas (excluindo o consumo interno) (ton)	54497.3	60987.1	65895.7	72334.6	82257.1
Produtos à base de carne, incluindo enchidos	3959.5	4488.8	4757	4943.8	5718.3
Queijo	17050.1	17525.1	17658.1	17375.4	18317.3
Leite e produtos lácteos (leite recalculado incluindo a transformação de explorações agrícolas (com exceção do consumo externo(ton)	279400.1	315800.1	319800.1	362700.1	386500.1
Confeitaria (ton)	11589.4	13013.2	14319.8	16543.6	18092.6
Massa (tonelada)	2614.8	3247.9	3563.1	4093.1	4467.6
Óleo vegetal (ton)	1034.3	696.5	2656.1	4650.3	3967.7
Óleo animal (ton)	950.4	812.8	645.5	518.1	1092.5
Total de alimentos enlatados (Incluindo: Conservas de carne peixe e marisco, legumes, tomate e fruta(ton)	8025.1	11772.6	9134.2	9989.6	11714.7
Açúcar (tonelada)	32508.4	72159.4	69267.1	69625.1	89189.1
Gelados (milhares de litros)	3312.9	3480.8	3628.6	4265.1	6345.1
Sumos naturais (total)	11689.5	14615.2	16741.6	19544.2	21106.2
Conhaque, Vodka (incluindo produtos licorosos) (milhares de litros)	24535.8	24568.1	28589.6	30222.6	28231.6
Vinhos e Champanhes	6430.2	6814.6	6192.5	7216.7	6765.3

(mil litros)					
Cerveja	15352.7	14744.3	13668.2	19847.8	23716.5
Bebidas não alcoólicas (milhares de litros)	38232.1	45756.1	45320.8	63400.1	79972.6
Água mineral (milhares de litros)	30000.1	29232.8	32977.3	43215.3	58618.3

Apêndice 2

Questionário individual

SECÇÃO 1: Caraterísticas demográficas e socioeconómicas

	Item	Opções	Resposta
1	Sexo:	Homem = 1, Mulher =2	
2	Estado civil:	Casado = 1, Solteiro=2, Divorciado= 3	
3	Idade: .... (anos)		
4	Tipo de ensino:	Não formal=0, , Primário = 3, Terciário= 5	
5	Dimensão do agregado familiar:		
6	Número de pessoas que auferem rendimentos no agregado familiar		
7	Rendimento mensal médio do agregado familiar		
8	Despesa alimentar mensal média		
9	Despesa média mensal não alimentar		
10	Recebeu alguma formação agrícola formal?	Não=0, sim =1	
11	Onde é que recebeu a formação?	Agentes de extensão=1. Organização internacional=2, outro=3	
12	Número de anos de experiência agrícola		
13	Tamanho do terreno		

a :Benefícios: 1=informações sobre mercados; 2=informações sobre fontes de crédito; 3=fontes de fertilizantes subsidiados; 4=sementes e produtos químicos melhorados; 5=novas oportunidades/tecnologias/empresas; 6=serviços/fornecimento de mão de obra dos membros durante a colheita; 7=assistência financeira em momentos de necessidade; 8=partilhar os meus riscos, choques, problemas de saúde e condições adversas com os membros do meu grupo; 9=benefício de custos de transação económicos e sociais mais baixos; 10=fácil acesso à terra; 11=outros

Secção 2) Informações gerais sobre as actividades agrícolas

2.1 Indique em que subsector da agricultura ou no sector da agroindústria está a trabalhar?

Subsector	Tipo de cultura/animal	Cabeças / hectares
A) Criação de animais		
B) Produção vegetal		
C) Pesca		
D) Agro-processamento		
E) Outros, especificar		

2.2) Em caso de produção vegetal, indique quantas terras aráveis cultiva, total ----, das quais

Regadio próprio --------	Arrendamento com irrigação ----------------
Próprio sem irrigação --------	Alugado------------ -------------------
Total próprio -------	Total arrendado --------------

2.3) Queira fornecer informações sobre os seguintes factores de produção agrícola utilizados na produção

Tipo de entrada	Montante utilizado	Despesas/kg/ha
Semente		
Fertilizante		

Adubo orgânico		
Pesticidas		
Fungicidas		
Herbicidas		
Insecticidas		
Máquinas agrícolas		
Outros (especificar) 1 2		

2.4) Informações sobre o produto

Tipo de produto	Quantidade do produto	Preço de venda

2.5) Como está a vender o seu produto?

____

____

2.6) Tem conhecimento dos programas agrícolas implementados pelo Estado/governo?

____

____

Secção 3) Informações sobre a pertença a um grupo social e fonte 3.1) Pertence a alguma associação ou grupo social? Sim [ ]/ Não [ ]

3.2) Em caso afirmativo, indique o grupo a que pertence:

Grupos	Membro (Sim/Não)	Tamanho dos membros	Cargo ocupado	Indicar as actividades	Vantagens de ser membro*
Cooperativa					
União da cidade					
Associação de agricultores					

Outros:					
a.					
b.					
c.					
d.					

**Benefícios: 1=informações sobre mercados; 2=informações sobre fontes de crédito; 3=novas oportunidades/tecnologias/empresas; 4=serviços/fornecimento de mão de obra dos membros durante a colheita; 5=assistência financeira em momentos de necessidade;*

6=partilho os meus riscos, choques, 7=mal-estar e condições adversas com os membros do meu grupo; 8=benefício de custos de transação económicos e sociais mais baixos;

9=outros

3.3 Alguma vez recebeu ajuda dos agentes de extensão agrícola para gerir as suas actividades agrícolas? Sim [ ]/ Não [ ]

3.4 Tem acesso a facilidades de crédito? Sim ( ) Não ( )

3.5 Forneça informações sobre a aquisição de crédito para as suas actividades de produção nos últimos 12 meses.

Fontes de crédito	Montante do empréstimo	Juros pagos (%) por ano	Período de reembolso
Empréstimo bancário			
Empresa comercial			
Outros (especificar)			
1.			
2.			

Secção 4 Perspectivas da agroindústria

Perspectivas do agronegócio	Discordo totalmente	Não concordo	Sem opinião	Concordo	Concordo plenamente	Falta de informação suficiente
Vejo boas perspectivas de futuro para a agricultura nesta região						
Por cá, temos um número suficiente de agricultores principiantes e de substituição a entrar na agricultura.						
Os produtores agrícolas inovadores estão a encontrar bons mercados para os seus produtos.						
Os agricultores que vendem ou celebram contratos com empresas de transformação estão a encontrar bons mercados e estão longe de vender problemas						
Os agricultores que vendem diretamente aos consumidores locais estão a encontrar bons mercados e estão longe de vender problemas						
Temos muitas empresas que						

apoiam as explorações agrícolas da região						
Os agricultores podem obter os fornecimentos e serviços de que necessitam para gerir eficazmente as suas explorações sem terem de percorrer longas distâncias.						
Os agricultores obtêm a informação fiável e atempada de que necessitam para gerir as suas explorações agrícolas através da Extensão e de outras fontes.						
Os agricultores daqui têm pouca dificuldade em encontrar mão de obra agrícola contratada a preços acessíveis.						
Por cá, a maioria dos agricultores preocupa-se com a proteção do ambiente, incluindo a qualidade do solo, do ar e da água.						
Faço parte de uma rede de pessoas do sector agroalimentar ou de agências que partilham regularmente						

informações sobre produção ou comercialização.						
A maior parte das pessoas desta comunidade aprecia o facto de ter quintas no seu meio.						
As decisões do nosso governo local geralmente apoiam e promovem a agricultura						
Penso que as perspectivas para a maior parte das empresas de apoio à agricultura na região serão boas nos próximos 5 ou 10 anos.						
Penso que as perspectivas para as minhas empresas ou actividades agrícolas serão boas nos próximos 5 ou 10 anos.						

Secção 5. Desafios do desenvolvimento da agroindústria/agricultura

5.1 Quais são os principais desafios/constrangimentos enfrentados no processo de produção?

Restrições	Sim/Não	Classificação (1,2,3...)	Solução sugerida
Falta de empréstimos			
Ausência de informação sustentável sobre o mercado			
Serviço de extensão deficiente			

Canal de comercialização inadequado			
Terras agrícolas inadequadas			
Acesso inadequado a facilidades de crédito			
Indisponibilidade de fertilizantes			
Pragas e doenças			
Indisponibilidade de variedades melhoradas			
Outros			
1.			

5.2 Sugerir formas de resolver os problemas acima referidos

....

Printed by Books on Demand GmbH, Norderstedt / Germany